VOYAGES PRÉSIDENTIELS

PAR BERTOL-GRAIVIL ET PAUL BOYER

CINQUIÈME VOYAGE

PAS-DE-CALAIS

31 Mai – 4 Juin 1889

PHOTOGRAPHIE VAN BOSCH, P. BOYER

LES

VOYAGES PRÉSIDENTIELS

ILLUSTRÉS

LES
VOYAGES PRÉSIDENTIELS

Parti de Paris le 31 mai 1889, à onze heures du matin, M. Carnot, Président de la République française, a visité les grandes cités ouvrières du Pas-de-Calais et les ports commerçants qui font la fortune de ce département. Il est rentré à Paris le 4 juin, à huit heures du soir, ayant été partout acclamé, partout chaleureusement accueilli.

Ce n'est pas seulement par sa bonne grâce, par le rayonnement de sa haute probité, que M. Carnot commande partout sur son passage les déférences et les allégresses des populations qu'il visite. C'est, surtout, qu'il laisse à tous l'énergique sentiment d'un gouvernement sûr de son droit, comme de ses destinées, fort contre ses ennemis, maître de lui-même.

La chimère du gouvernement impersonnel peut séduire quelques philosophes, amis de l'abstraction, depuis longtemps compromis, d'ailleurs, par une séquelle de calculateurs frivoles et de faiseurs ignorants. Notre pays, façonné à la discipline séculaire du pouvoir personnel, n'acceptera de longtemps un gouvernement de principes. Il lui faudra toujours un homme qui incarne, en sa personne, les principes et les aspirations de son temps.

M. Carnot, par la fière simplicité de sa vie, par la droiture de son caractère et sa noble soumission à l'esprit et à la lettre de la loi constitutionnelle, est le représentant sans peur et sans reproche de la démocratie française en cette période d'évolution politique et sociale.

Nous ne cherchons pas ailleurs le secret des acclamations qui l'accueillent tout le long de sa route.

Grande leçon pour les utopistes qui s'attardent à la folie de la suppression de la présidence de la République. Ils n'en profiteront pas. Ce sont des sectaires. L'esprit de système, sentimental et préconçu, est la ruine et l'opprobre des partis.

Grande leçon encore pour les partisans des régimes de la monarchie et de l'empire. L'esprit de système n'est point ici en cause. La mauvaise foi suffit, avec la violence des appétits, à aveugler les ennemis de la République.

Qu'importe ? Des uns et des autres, des sectaires d'un philosophisme étroit, et des tenants atrabilaires des régimes déçus, la raison publique n'a cure. Elle va loyalement à l'homme modeste qui est, en France, le premier serviteur de la loi.

Les factions agonisent. La République se fonde, inébranlablement assise sur le génie de la France.

Vive la République !

Vive Carnot !

Maison militaire de M. le Président de la République.

Comm.¹ Cordier   Colonel Kornprobst   Comm.¹ Chamoin   M. Abeuvière   Général Brugère   M. Carnot   Colonel Lichtenstein   Colonel Touiza

PREMIÈRE JOURNÉE

31 Mai 1889.

Départ de Paris. — Les manifestations des paysans. — Arrêt à Longueau. — Arrivée à Arras. — Réception des autorités à la Préfecture. — Visite à l'Hôpital. — Réunion à l'Hôtel de Ville. — Concours de gymnastique. — Banquet. — Discours de M. le Président de la République. — Réception ouverte à la Préfecture.

Le Départ.

M. le Président de la République a quitté l'Élysée, ce matin, à dix heures un quart, dans une victoria fermée. Il était accompagné du général Brugère, secrétaire général de la Présidence; des colonels Lichtenstein et Kornprobst, du capitaine de frégate Cordier et de M. Arrivière, secrétaire particulier de l'Élysée.

C'est M. le colonel Lichtenstein et M. le lieutenant-colonel Toulza qui sont chargés de la permanence pendant l'absence de M. le Président.

En prévision de ce départ, quelques curieux s'étaient rassemblés devant le palais de l'Élysée, malgré la pluie qui tombait drue. A dix heures quarante-cinq minutes, les clairons sonnent dans la cour centrale de l'Élysée, et la voiture du Président sort aussitôt par la porte de la rue du Faubourg-Saint-Honoré.

A la vue du cortège, les personnes qui stationnent devant l'Élysée se découvrent. Les voitures suivent la rue du Faubourg-Saint-Honoré et les boulevards jusqu'à la place de l'Opéra. De ce point, le cortège se dirige vers la gare du Nord par la rue Lafayette.

Au coin de la rue du Faubourg-Montmartre, un embarras de voitures arrête un moment le cortège. Les passants, qui aperçoivent le Président à travers la glace de la voiture, se découvrent tous. Sur le parcours, les agents qui reconnaissent M. Carnot saluent militairement.

En dépit du mauvais temps, environ quatre ou cinq cents curieux se tiennent devant la gare du Nord. Dès que la voiture du Président paraît, tout le monde se découvre et les cris de : Vive Carnot ! Vive la République ! retentissent aussitôt. M. Carnot entre dans la gare au milieu des plus vives acclamations. Il est reçu par MM. le baron de Rothschild, président du Conseil d'administration de la Compagnie du Nord, Léon Say, Griolet, de Waru, Valon, membres du conseil, Sartiaux, chef de l'exploitation, et Bouverat, chef du mouvement. Là, se trouvent encore MM. Cazelles, directeur de la sûreté générale, Lozé, préfet de police, Caubet, chef de la police municipale.

M. de Rothschild prononce quelques mots de bienvenue, auxquels le Président répond avec son affabilité ordinaire.

Sur le quai de la gare, les représentants de la presse sont présentés au Président par le général Brugère.

Sur la voie attend un train de luxe qui va servir pour la première fois. Il se compose de cinq voitures d'un fort bel aspect et réunissant le type absolu de l'élégance et du confort.

Chaque voiture repose sur un double chariot de quatre roues muni de freins à air comprimé et d'un système de ressorts, au nombre de trente-six, qui assure aux voyageurs une sécurité absolue en même temps que l'agréable perspective de n'être pas secoués pendant le trajet.

Leur longueur est de 18 mètres environ, alors que celle des wagons ordinaires des trains express n'est que de 11 ; et leur poids de 28 tonnes, le double du poids des wagons de voyageurs en circulation.

Elles sont pourvues, à chaque extrémité, d'un marchepied à rampe de fer doré aboutissant à une petite plate-forme d'où l'on pénètre à l'intérieur.

La distribution de chacune des cinq voitures du train présidentiel comporte six compartiments : deux grands et quatre petits.

Les deux grands servent de salons. L'un a neuf mètres de longueur, l'autre est de moitié moindre. Ces salons sont également meublés de divans, de fauteuils et de canapés, avec des boiseries d'acajou verni, de superbes glaces biseautées aux fenêtres et de sonneries d'appel ou d'arrêt à portée de la main.

Les quatre petits compartiments renferment, l'un un cabinet de toilette, l'autre un water-closet, le troisième une logette pour l'homme de service du wagon, et enfin, le dernier, une chaudière dont le rôle est de surélever la température de la vapeur destinée à chauffer le wagon.

L'éclairage électrique fonctionne dans toutes les parties de chaque voiture, mais on n'aura pas l'occasion de s'en servir, le voyage ayant lieu dans la journée.

Le train par lequel va partir M. le Président de la République stationne sur la nouvelle voie n° 1 de la gare Paris-Nord, sous un hall couvrant des quais établis aux dépens des anciennes salles d'attente.

La gare a, en effet, subi une transformation des plus heureuses dont il faut féliciter le Conseil d'administration tout entier.

A onze heures quatre, on vient prier M. Carnot de prendre place dans le compartiment qui lui est réservé. MM. de Rothschild et Léon

M. YVES GUYOT
Ministre des Travaux publics.

Say, suivis d'un grand nombre de personnes, l'y accompagnent aussitôt. M. Yves Guyot est le seul ministre qui part avec le Chef de l'État.

A onze heures six minutes, le train s'ébranle. Aussitôt de nouveaux vivats retentissent; ils sont poussés par les voyageurs d'un train qui vient d'arriver de Calais et par un grand nombre de personnes qui ont réussi à pénétrer sur le quai. Le Président salue en souriant cette foule qui lui témoigne tant de sympathie, et le train s'éloigne à toute vapeur.

Entre Paris et Arras. — A Arras.

Le train est lancé à toute vapeur; nous avons une pluie battante durant tout le trajet, ce qui rend encore plus touchantes les démonstrations des paysans qui se tiennent dans les terres labourées en bordure de la voie, acclamant le Président et se découvrant sur le passage du train; le Chef de l'État va d'une portière à l'autre pour saluer, mais le train file avec la rapidité de l'éclair.

Soudain, au loin, d'un champ tout vert les couleurs tricolores émergent; c'est une école communale de garçons; tous ont un drapeau et l'agitent, l'effet est charmant.

A Longueau, premier arrêt; le préfet du Pas-de-Calais, M. Vel-Durand, est venu attendre M. le Président, ainsi que les généraux Jamont, de Cools et Delloye, et le préfet de la Somme, M. Ligier. Le maire prononce un discours; une petite fille offre un bouquet; un lunch est servi sur le quai de la gare. On repart; il pleut toujours; toutes les stations que l'on brûle sont pavoisées et la foule agite des mouchoirs et des chapeaux.

Le canon tonne, les cloches sonnent à toute volée, c'est Arras.

M. VEL-DURAND
Préfet du Pas-de-Calais.

Je ne sais si Arras est, comme le dit la géographie, à 66 mètres au-dessus du niveau de la mer, mais je suis certain qu'il est à de nombreux mètres au-dessous de l'eau d'une pluie diluvienne.

Le Président, après avoir été reçu à la gare par MM. Vel-Durand, Sagebien, secrétaire général, les conseillers de préfecture et le maire M. Legrelle, est monté dans une voiture découverte attelée de quatre chevaux conduits en poste. De la gare au pont-levis, M. Carnot passe au milieu d'une haie de pompiers portant des uniformes des temps reculés:

bonnets à poil, sabres de gladiateurs romains, haches énormes tenues par des mains gantées de jaune.

Nous entrons en ville par la porte de Paris ; le 3e régiment du génie et le 33e de ligne rendent les honneurs militaires ; les musiques jouent la *Marseillaise*, ainsi que les fanfares venues de tous les environs ; on pousse des cris chaleureux.

La grande rue est pavoisée ; beaucoup de monde aux fenêtres ; bel accueil, pas de cris discordants. Le Président, escorté par des cuirassiers, salue de tous les côtés ; cependant on atteint la préfecture.

Vers trois heures, les maires des communes du département, en blouses, en redingotes, avec leurs écharpes — en général de vieux paysans, de bonnes figures de travailleurs — prennent place sur les bancs qu'on leur a réservés ; M. Carnot serre affectueusement leurs mains calleuses ; ils en sont très fiers et disent entre eux : « Ça, c'est un brave homme. »

En les présentant à M. le Président, M. Vel-Durand a prononcé le discours suivant :

MONSIEUR LE PRÉSIDENT DE LA RÉPUBLIQUE,

Permettez-moi de vous présenter les maires des arrondissements de Saint-Pol et d'Arras. Leur nombre dit assez quel profond respect ils ont pour votre personne. Je voudrais pouvoir vous dire qu'un même sentiment politique ou un même dévouement à la République les animent ; je ne puis encore vous donner cette assurance complète. Cependant je dois vous déclarer que, si nous rencontrons encore quelques adversaires, je ne dirai même pas des adversaires, mais des contradicteurs de la République, dans les rangs des municipalités, leur nombre diminue de jour en jour.

Lorsque a commencé à être appliquée la loi de 1884, quelques maires se sont égarés sur le véritable caractère de la législation qui donnait aux conseils municipaux le libre choix des municipalités. A ce moment, quelques-uns ont pensé qu'elle leur attribuait une indépendance absolue. Ceux-ci et ceux dont je parlais tout à l'heure, et qui sont nos contradicteurs d'aujourd'hui, ont quelquefois méjugé de l'autorité que la loi leur conférait. Cela a été une conquête à faire ; mes collaborateurs et moi, nous nous y sommes employés de toutes nos forces. Mais, avant tout, nous avons eu recours à des procédés de justice, de conciliation et d'équité.

Dans leur administration très difficile, très laborieuse, ingrate souvent et d'autant plus méritoire qu'elle est absolument gratuite, les maires ont reconnu qu'ils ne pouvaient pas se passer de l'administration et que, non seulement ils avaient besoin d'un appui, mais encore de confiance. De notre côté, nous avons compris qu'en face des maires librement élus par les populations, nous avions des devoirs à remplir : nous nous y sommes employés avec ardeur et persévérance. Tous les maires ici présents pourront rendre témoignage qu'ils ont rencontré chez nous le concours le plus empressé. Jamais nous ne leur avons suscité une difficulté ; jamais nous n'avons mis une entrave à leur administration.

Tous, nous les avons accueillis avec le même esprit de justice; nous avons traité toutes leurs affaires avec un grand esprit d'équité, apportant à chacun notre impartialité. A ceux qui nous ont témoigné de l'amitié, nous avons montré de la cordialité. Et la cordialité et l'amitié que nous montrerons aux autres, les gagneront tous à la cause de la République. Bientôt, je puis l'assurer, nous ne compterons plus que des serviteurs de la République dans les rangs des municipalités.

De chaleureux applaudissements, des acclamations : Vive Carnot ! Vive la République ! accueillent ces paroles. Puis le Président répond :

Je suis heureux, Monsieur le préfet, d'entendre ces paroles de votre bouche. J'ai la conviction que tous les maires, non seulement des arrondissements d'Arras et de Saint-Pol, mais aussi de tout le département, comprennent le double devoir qu'ils ont à remplir, tant à l'égard de leurs administrés, dont ils ont à surveiller les intérêts, qu'à l'égard de la patrie et du gouvernement de la République. J'ai la conviction que tous seront pénétrés de ces sentiments. Je suis heureux d'avoir pu aujourd'hui venir saluer ici les représentants de vos communes.

Nouveaux applaudissements et nouveaux cris de : Vive Carnot !

Les instituteurs étaient venus en si grand nombre qu'ils n'ont pu trouver place dans le grand salon. Pour les recevoir, M. Carnot a dû se rendre dans une salle spéciale.

M. le préfet, en les présentant, s'est exprimé en ces termes :

Les instituteurs, il y a quelques années, étaient de bien humbles fonctionnaires, ils comptaient très peu dans l'État et y jouissaient d'une considération véritablement trop ménagée. Le gouvernement de la République leur a rendu leur véritable place et les a remis dans leur véritable rôle. Il n'a pas fallu longtemps pour leur faire comprendre les nouveaux devoirs qui s'imposaient à eux, ainsi que la haute mission qui leur était confiée d'instruire la jeunesse et d'élever les enfants dans le respect de la famille, de l'autorité et de l'amour de la patrie. Je suis heureux, Monsieur le Président, de rendre témoignage de leur zèle et de leur conduite, et de vous rappeler ce fait que, depuis un an, il n'a pas été prononcé une seule peine disciplinaire contre un seul membre du personnel enseignant du Pas-de-Calais, qui compte cependant 2,500 sujets.

M. Carnot a répondu :

Je suis heureux de vous voir, Monsieur le préfet, rendre témoignage au dévouement et à la conduite de nos instituteurs. J'en suis d'autant plus fier que, par mon père, ministre de l'instruction publique en 1848, je suis un peu de leur famille.

La réception a continué par les représentants des Chambres de commerce et des Sociétés agricoles. On sait quelle grande place les questions économiques et agricoles tiennent dans cet industrieux département. Trois discours se rattachant à cet ordre d'idées ont été prononcés à la préfecture : le premier, par l'honorable président de la Chambre de commerce d'Arras ; le second, par M. Léon Peltier, président de la Société centrale d'agriculture ; et le troisième, par M. Petit, président de la Société agricole de Saint-Pol.

M. CARNOT

Président de la République

LES VOYAGES PRESIDENTIELS ILLUSTRES

Voyage

DE

M. CARNOT

Président de la République

DANS LE PAS-DE-CALAIS

Texte

DE

BERTOL-GRAIVIL

Illustrations

DE

PAUL BOYER

PARIS

PHOTOGRAPHIE VAN BOSCH (PAUL BOYER, Successeur)

—

35, BOULEVARD DES CAPUCINES, 35

A la suite de ces discours, des vœux ont été remis par écrit à M. le Président de la République, pour demander l'établissement de nouveaux droits sur les maïs et sur les mélasses.

M. le président de la Chambre de commerce d'Arras a présenté les membres de cette Chambre.

Avant la présentation des membres du Conseil général par M. Boucher-Cadart, président, on avait d'abord appelé M. d'Havricourt, sénateur, puis MM. Dellisse, Hermary, Levert, Lefebvre du Preÿ, Tailliandier, Sens, de Rosamel, de Partz, de Lhomel et de Clercq, qui se sont présentés et ont salué le Chef de l'État. On a vanté les députés réactionnaires pour cet acte de simple politesse à l'égard de l'homme qui préside avec tant de dignité aux destinées de la France républicaine. Nous trouvons, avec notre confrère *l'Avenir d'Arras*, que ces messieurs ont fait strictement leur devoir — et rien de plus.

Les réceptions terminées, M. Carnot nomme :

Commandeur de la Légion d'honneur, le colonel Wasmer, du 33° d'infanterie ;

Officiers : les commandants Favier et Howart ;

Chevaliers : le commandant Friquet-Despréaux et le capitaine Marié.

Ont obtenu la médaille militaire : l'adjudant Mathieu et le maréchal des logis Boudin.

La croix de chevalier a été accordée à MM. Ledieu, président du Tribunal de commerce, et Ricouart, adjoint ; la rosette d'officier de l'Instruction publique à M. Trannin, docteur ès sciences, délégué cantonal à Arras, et les palmes académiques à M. Godefroy, délégué cantonal à Bapaume ; enfin la croix du Mérite agricole à MM. Plaisant, agriculteur, et Dambrinet, vétérinaire.

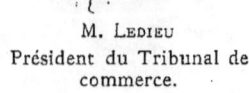

M. Ledieu
Président du Tribunal de commerce.

Les décorations accordées à MM. Ledieu et Ricouart sont, en ville, chaleureusement accueillies. Ces deux hommes semblent très estimés par leurs compatriotes. Le premier, M. Ledieu, méritait depuis longtemps cette distinction. Il est actuellement président du

Tribunal de commerce. Le second, M. Louis Ricouart, est un véritable philanthrope. Il est adjoint au maire depuis nombre d'années, administrateur des hospices, du Mont-de-Piété, président de la Société de secours mutuels des typographes et président de leur Société coopérative dite Boulangerie typographique ; que sais-je encore ? Ce qu'il y a de certain, c'est que la Légion d'honneur ne pouvait être placée sur des poitrines plus méritantes.

M. L. RICOUART
Adjoint au maire d'Arras.

C'est au milieu des acclamations que M. Carnot se rend ensuite à l'hôpital, qui est desservi par des sœurs augustines ; la supérieure reçoit une médaille d'or et une laïque, chargée du service des accouchements, Mme Pélagie, reçoit les palmes académiques. M. Arrivière remet 300 francs pour l'ordinaire des malades.

Les costumes des gymnastes qui se rendent à la fête de gymnastique, qui a lieu place de l'Hôtel de Ville, rappellent ceux qu'on voit à Paris. Hélas ! il pleut toujours et, comme on a répandu sur le parcours du Président d'épaisses couches de sable rouge, c'est une bouillie rappelant la bisque d'écrevisses... sans écrevisses.

C'est le maire, M. Legrelle, qui reçoit le Président à l'Hôtel de Ville.

Le ciel est clément pour les gymnastes, car la pluie cesse. Si le soleil se mettait de la fête, il serait le bienvenu.

Ils sont très adroits, les gymnastes ; le premier prix de la 1re division remporté à Vincennes en est la preuve. Les exercices d'ensemble, sous la direction de M. Audemars, sont fort applaudis.

Quand le Chef de l'État s'est montré sur le balcon de l'Hôtel de Ville, dont la grille de fer forgé était recouverte d'une draperie de velours à crépines d'or, l'enthousiasme de la foule qui couvrait la petite place, et qu'on peut évaluer à environ 5,000 personnes, s'est manifesté avec une grande intensité.

Les cris de : Vive Carnot ! Vive la République ! sont sortis de toutes les bouches. A ces cris se mêlaient les sons de la *Marseillaise*, jouée par la musique d'un régiment d'infanterie, ainsi que la sonnerie du carillon du

ARRAS

Photographie Van Bosch
P. Boyer, successeur

LA FÊTE DE GYMNASTIQUE

35, Boulevard des Capucines
PARIS

vieux beffroi, l'un des plus beaux de France, qui exécutait successivement l'hymne national, le *Chant du départ*, et un air local nommé le *Carillon d'Arras*.

Enfin, six heures sonnent à la cathédrale, il est temps de gagner le palais Saint-Vaast.

Le palais Saint-Vaast, où a lieu le banquet, est l'ancienne abbaye, d'une richesse d'architecture remarquable. Elle est divisée en deux parties : l'une appartient à l'évêché, l'autre est à la ville d'Arras ; dans cette dernière, on a établi le musée, qui est très riche.

Dans la grande salle, où est dressée la table du banquet, on voit des œuvres de Corot, de Delacroix, de Watteau, de Van Loo, de Téniers, de Géricault, de Fragonard, de Van Dyck, de Feyen-Perrin, etc. Derrière le siège du Président, une toile superbe de Thirion : *L'Épave du vaisseau le Vengeur*.

Le dîner a cette originalité très remarquable, qu'on croirait le repas donné dans un brillant atelier.

A six heures et demie, M. Carnot prend place à table, ayant à sa gauche M. Yves Guyot et le général Jamont, à sa droite le maire d'Arras et le général Mathelin.

On a invité dix-huit ouvriers décorés de la médaille du travail.

Devant chaque convive, un élégant menu sortant de l'imprimerie artistique Répessé-Crépel et Cie. Les armes d'Arras, se détachant or et rouge sur fond blanc, sont du plus heureux effet.

Le repas se passe sans incident, tous les invités ont l'air d'avoir grand'faim et font honneur au banquet offert par la Municipalité, et fort bien préparé par Minelle, propriétaire de l'Hôtel du Commerce. Au dessert, M. Legrelle, maire, porte la santé du Chef de l'État.

<small>Au nom de la ville d'Arras et du Conseil municipal, j'ai l'honneur de porter la santé du premier magistrat de la République et de le remercier d'avoir bien voulu répondre à l'invitation qui lui a été adressée par les populations du Pas-de-Calais. C'est un honneur, Monsieur le Président, dont nous sentons tout le prix, et nous voulons espérer que les nombreuses marques de sympathie dont vous serez entouré pendant votre voyage laisseront dans votre esprit une impression durable. Vous allez parcourir un département dont les populations sont intelligentes et laborieuses. Travailler est leur devise, et vous pourrez apprécier leurs</small>

efforts persévérants pour conserver à notre pays la renommée commerciale, industrielle et agricole qu'il a acquise dans le monde entier.

Messieurs, je porte la santé de M. Carnot, président de la République ! (Applaudissements répétés.)

M. le Président de la République répond en ces termes :

Monsieur le maire, Messieurs,

Lorsque, il y a quatre mois, une délégation des principales villes du Pas-de-Calais est venue me convier à visiter votre beau département à l'occasion de l'achèvement du nouveau port de Calais, j'ai accepté avec plaisir votre invitation et je suis heureux aujourd'hui de pouvoir tenir ma promesse.

Ai-je besoin de dire tout ce qui m'attire vers vous, quels sentiments m'inspire le spectacle des richesses agricoles et industrielles de cette admirable région qui est un des joyaux de la France, un des foyers les plus intenses du travail qui fait sa force et sa gloire ? (Applaudissements.)

Il n'est pas besoin d'être ingénieur pour se sentir ému par cette activité laborieuse, sur ce territoire sillonné de chemins de fer et de canaux, couvert d'exploitations minières, métallurgiques et rurales, où partout on sent la sève et le travail. Il suffit d'être patriote et d'avoir au cœur l'amour passionné de son pays. (Applaudissements longtemps prolongés.)

Mais, Messieurs, tous ces sentiments, les circonstances présentes en doublent encore l'intensité. Quand on vient d'admirer les splendeurs de l'Exposition Universelle et de contempler avec fierté tous les produits de toutes nos industries, on éprouve une satisfaction intime à féliciter sur le théâtre même de leur activité, à remercier au nom de la France les artisans de cette victoire nationale. (Nouveaux applaudissements.)

Elle est l'œuvre de tous, elle fait, au même titre, honneur à tous ceux qui, sans se laisser émouvoir par des agitations intéressées, et confiants dans l'avenir de la République, ont su accroître le patrimoine moral et intellectuel comme la fortune du pays. (Chaleureux applaudissements. — Cris de : Vive la République ! Vive Carnot !)

Après les quelques minutes d'interruption pendant lesquelles dure cette ovation, M. Carnot continue en ces termes :

L'Exposition n'est pas seulement au Champ de Mars.

Son éclat rejaillit sur la France entière et toutes les régions qui travaillent en ressentiront les bienfaits.

Si l'on a essayé, au profit d'une triste politique, de susciter des rivalités d'intérêt, jusqu'à des jalousies de quartier, le bon sens et le patriotisme ont eu vite raison de pareilles manœuvres.

Tous les Français se sont sentis solidaires d'un succès qui n'est pas celui d'un parti, mais qui est celui de la France. (Applaudissements prolongés.) Tous sont également fiers du superbe relèvement que la nation doit à son activité féconde, à son infatigable génie sous l'égide des institutions républicaines qui lui ont assuré dix-huit années de paix, d'ordre et de liberté. (Applaudissements répétés.)

Vos paroles, Monsieur le maire, et les acclamations qui les ont accueillies dans cette enceinte, aussi bien que les témoignages sympathiques dont le représentant du gouvernement de la République a été aujourd'hui entouré, disent assez haut que ces sentiments patriotiques sont ceux des vaillantes populations de cette région laborieuse.

Je lève mon verre en leur honneur. Au Pas-de-Calais ! A la ville d'Arras !

Les applaudissements qui ont salué ce discours ont été plusieurs fois répétés et longuement prolongés ; ils ont été accompagnés par les cris de : Vive la République ! Vive Carnot ! Vive le Président de la République !

Le Président de la République se rend à la préfecture, où a lieu une réception ouverte. Dans les immenses jardins de l'ancien évêché, merveilleusement illuminés, tout Arras et toute sa banlieue se répandent, acclamant le Président. M. Yves Guyot, ministre des travaux publics, est accueilli avec une vive et profonde sympathie par tout le corps des ponts et chaussées ; on lui remet un grand nombre de pétitions intéressant le commerce et l'industrie.

Le temps est devenu meilleur ; le feu d'artifice est tiré ; il est dix heures ; les rues sont remplies de monde ; les fanfares jouent des airs patriotiques ; les lampions, ceux toutefois qui n'ont pas été trop mouillés, sont allumés. On remarque, par sa brillante illumination, l'hôtel Saint-Pol qui abrite plusieurs membres de la presse.

Le Président passera la nuit à la préfecture.

La première journée de ce voyage est un succès grandiose pour M. Carnot et pour la République.

DEUXIÈME JOURNÉE

1er Juin 1889.

Départ d'Arras. — Arrivée à Lens. — Réception des autorités et présentation des délégations ouvrières et agricoles à la gare. — Défilé devant l'Hôtel de Ville des Sociétés et corporations ouvrières. — Visite aux installations supérieures des Fosses. — Banquet offert par le Comité des Houillères. — Départ pour Béthune. — Arrêt à Violaines. — Arrivée à Béthune.

A BRUAY : *Visite des ateliers du Chemin de fer, d'une maison ouvrière. — Dîner à la maison des Bureaux généraux. — Retraite aux flambeaux.*

Le Président de la République est parti d'Arras ce matin, à 9 h. 25.

La population s'était massée le long de la voie ferrée sur une longueur d'un kilomètre environ. Elle n'a cessé d'acclamer le Chef de l'État.

Vingt minutes plus tard, le train présidentiel accomplissait son entrée dans la petite ville de Lens, qui a fait à M. Carnot une réception pleine de grandeur, de sincérité et de simplicité.

Il fait un temps splendide. Foule énorme et enthousiasme impossible à décrire. De la gare à l'Hôtel de Ville, le Président va d'ovations en ovations. C'est un vrai cortège triomphal.

M. Carnot a déclaré qu'il désirait parcourir la ville à pied. Les mineurs ont été ravis de cette décision.

La décoration des rues est splendide.

Conformément à son désir, le Président de la République, accompagné de M. Yves Guyot, ministre des travaux publics, s'est rendu à pied de la gare à l'Hôtel de Ville. Il a effectué ce parcours au milieu d'une population essentiellement ouvrière, qui n'a cessé de le saluer par les cris enthousiastes et ininterrompus de : Vive Carnot ! Vive la République !

On évalue à vingt mille le nombre des mineurs présents. Environ six mille, en costume de travail, avec leur blouse blanche, leur ceinturon de cuir noir, leur chapeau de cuir bouilli muni de sa lampe, et le front recouvert du sarrau traditionnel, formaient la haie de chaque côté du cortège.

A tous les coins de rue était groupée une musique qui exécutait la *Marseillaise*.

Une vingtaine d'arcs de triomphe étaient élevés à très peu de distance les uns des autres. On a beaucoup remarqué celui des sapeurs-pompiers, qui représentait une tour, au premier étage de laquelle se tenaient trois pompiers immobiles comme des cariatides et qui présentaient les armes. Celui de l'agriculture et de la meunerie, formé de meules de paille appuyées sur des sacs de blé, dû à l'initiative de MM. Hugot et Honoré Dewilder. Le commerce de Lens, l'hospice avaient aussi le leur. On a beaucoup remarqué celui qui portait cette inscription : *A monsieur Carnot, la fabrique de l'église de Lens*. Presque chaque rue avait son monument.

L'ordre a été parfait, quoiqu'il n'y eût pas plus d'une soixantaine de gendarmes. Les ouvriers eux-mêmes faisaient leur police. C'était une de leurs musiques et une de leurs Sociétés qui formaient la tête et la queue de l'escorte.

A son arrivée à l'Hôtel de Ville, le Président de la République a pris place sur une estrade qui avait été dressée extérieurement. Il avait à ses côtés M. Marmottan, président du Conseil d'administration de la Compagnie des mines de Bruay, et M. Vuillemin, président des comités des Sociétés houillères du Nord et du Pas-de-Calais.

M. Fremicourt, maire de Lens, dans une courte allocution, a souhaité la bienvenue au Chef de l'État ; puis a eu lieu le défilé, musique en tête, des délégations des Sociétés minières de toutes les Compagnies du département, alternant avec les fanfares, les harmonies et diverses sociétés à la tête desquelles nous avons remarqué M. Alfred Wagon. Chacune, en passant, abaissait son drapeau et acclamait le Président de la République.

M. Carnot distribue les décorations suivantes :

Officier de la Légion d'honneur, M. Vuillemin ; chevalier, M. Deprez, maire d'Harnes, conseiller général ; il remet les palmes d'officier d'Aca-

LENS

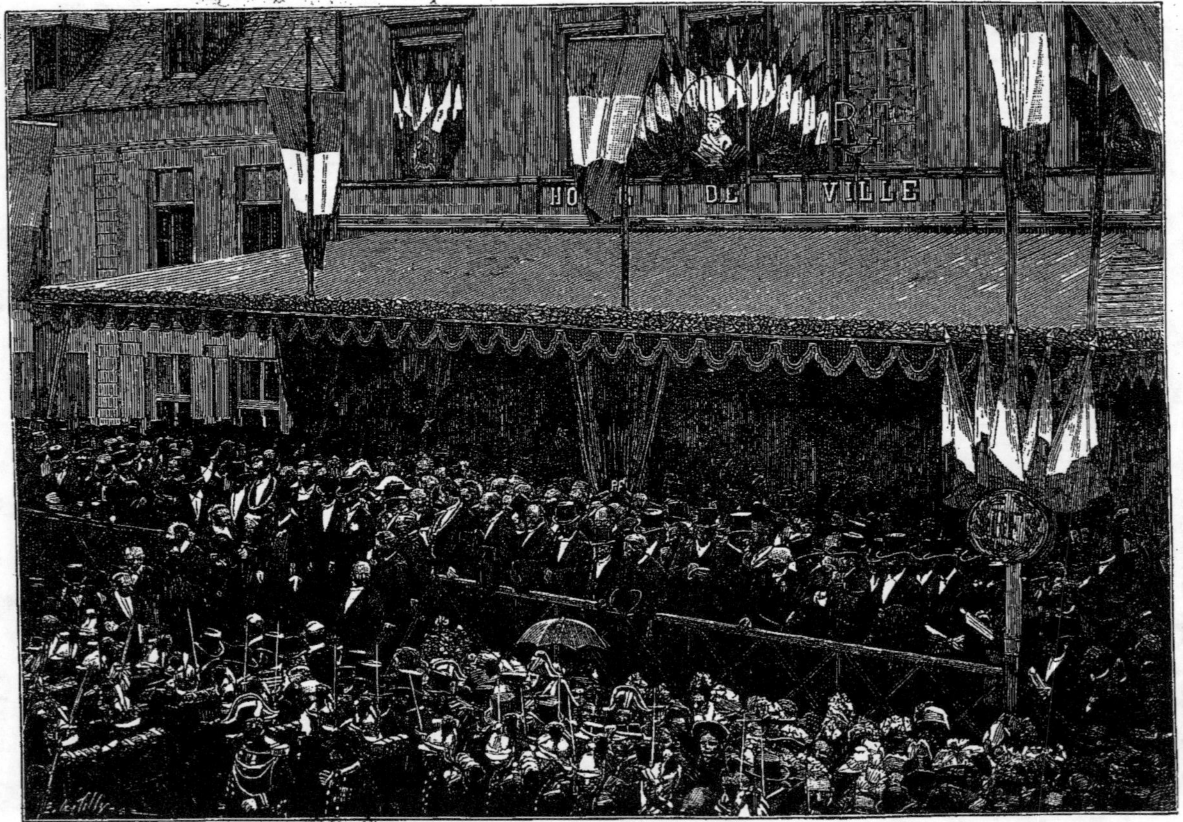

Photographie Van Bosch
P. Boyer, successeur

DÉFILÉ DES SOCIÉTÉS MINIÈRES

33, Boulevard des Capucines
Paris

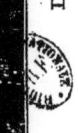

démie à M. Schmidt, maire de Liévin; il décore en outre un gendarme de la médaille militaire et remet des médailles d'honneur à deux sapeurs-pompiers de Lens.

Puis il va visiter les établissements industriels et agricoles de M. Hugot.

Une ferme modèle.

A 10 heures 45, M. Carnot arrive à ces établissements industriels et agricoles dirigés par M. Arthur Hugot, petit-fils et successeur de M. de Crombecque.

M. de Crombecque est cet agronome illustre qui, en 1867, obtint le grand prix d'honneur au Concours international organisé à Billancourt, entre les principaux agriculteurs du monde entier. Ce succès lui valut la rosette d'officier de la Légion d'honneur.

En 1870, au décès de M. de Crombecque père, lui succédait l'un de ses fils, M. G. de Crombecque-Bavière, auquel l'Exposition Universelle de 1878 valut une grande médaille d'or, et la croix de la Légion d'honneur.

M. G. de Crombecque-Bavière mourut en 1880, laissant à son neveu, M. Arthur Hugot, âgé de 27 ans, une charge bien lourde, en même temps qu'un drapeau à maintenir à la hauteur de la réputation que lui avaient acquise ses deux prédécesseurs. Nous avons constaté qu'avec la prospérité de l'établissement depuis 1880, des fleurons n'ont cessé de s'ajouter à la couronne des de Crombecque, car M. Arthur Hugot, l'un des promoteurs de la culture de la betterave très riche, lauréat de tous les premiers prix au concours betteravier du Pas-de-Calais, en 1886, a obtenu aussi, en 1885, la prime d'honneur au concours des grandes cultures de l'arrondissement de Béthune.

Sa sucrerie, que nous visitons, est installée avec les derniers perfectionnements. Elle est l'une des plus importantes et des mieux agencées de la région. Les écuries de la ferme qui l'entourent, sont des modèles de simplicité et d'installation. Elles contiennent 200 bêtes à cornes à l'engraissement, un nombreux troupeau de moutons, 50 chevaux de trait, et une quarantaine de magnifiques bœufs nivernais pour le travail; le tout logé et entretenu d'une manière remarquable.

A l'arrivée de M. Carnot, reçu à l'entrée des établissements par M. Hugot, les ouvriers et ouvrières, au nombre de plusieurs centaines, sont rangés dans la cour, et acclament le Président. L'aspect est superbe. M. Carnot parcourt les différents ateliers, la ferme, la sucrerie, et s'intéresse vivement à tout ce qu'il voit, en félicitant M. Hugot de l'ordre et du parfait entretien qu'il remarque partout.

Avant de laisser partir M. Carnot, M. Hugot rassemble tous les cultivateurs de la contrée, qui, sur son invitation, se sont réunis chez lui, et il adresse, au nom de tous, à M. le Président les paroles suivantes :

M. Hugot.

Monsieur le Président, c'est un grand honneur que vous me faites en voulant bien visiter mon établissement, je vous en suis profondément reconnaissant.

Vous avez voulu par cette visite, Monsieur le Président, donner à l'agriculture et aux industries qui en dépendent, une nouvelle preuve de votre sollicitude.

Au nom de toute la population agricole ici réunie, je vous en remercie.

Alors qu'une crise agricole intense sévissait, ces énergiques travailleurs des champs, confiants dans le gouvernement de la République, ne se sont pas découragés. — Notre confiance n'a pas été vaine, car nous avons vu aussitôt se joindre à nos efforts l'efficace assistance des lois protectrices et de la loi de 1884 sur les sucres.

Le cultivateur, Monsieur le Président, n'est ni oublieux, ni ingrat ; aussi sommes-nous tous heureux de pouvoir vous témoigner ici notre sincère reconnaissance envers le gouvernement de la République et d'acclamer son chef éminent.

M. Carnot remercie M. Hugot de ses aimables paroles. Il se félicite d'avoir pu, par le voyage qu'il accomplit, témoigner de l'intérêt que le gouvernement de la République porte à cette grande industrie agricole, nourricière de la patrie.

Et pour affirmer davantage cet intérêt, M. Carnot est heureux d'apporter une récompense bien méritée à un de ceux qui montrent le bon exemple du travail.

Et le Président attache la croix du Mérite agricole sur l'habit de M. Hugot.

Les ouvriers du nouveau décoré applaudissent à cette distinction avec une exubérance qui témoigne de leur vive sympathie pour leur patron.

Quittant à regret cette admirable ferme-modèle, M. le Président de la

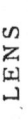

LENS

FERME MODÈLE HUGOT

République suit le boulevard des Écoles. Les élèves, filles et garçons, des écoles Campan et Condorcet, montés sur des tables disposées extérieurement, acclament le Président de la République.

La Fosse n° 5.

M. Carnot prend un petit train spécial pour se rendre à la fosse n° 5 du bassin houiller, où sont deux hautes pyramides de charbons de terre, surmontées de trophées de drapeaux tricolores et de douze mineurs, le pic sur l'épaule.

C'est là que descendent, à 265 mètres du sol, les mineurs de Lens; aujourd'hui ils ont congé, mais la Compagnie leur alloue deux francs.

M. Carnot est reçu par MM. Élie Reumaux, ingénieur en chef des travaux des mines de Lens, Gossart, ingénieur-directeur, Bollaert, agent général des mines de Lens et de Douvrin, et par M. Pierron, maire d'Avion.

M. Bollaert a prononcé, à l'arrivée de M. le Président de la République, un discours d'une grande envolée patriotique et d'une sincérité impressionnante dont M. Carnot l'a vivement remercié.

M. BOLLAERT
Agent général des mines de Lens et de Douvrin.

Après la présentation du personnel, a lieu la visite de la fosse. Le Président entre par la porte Nord, traverse une baraque entourée d'une rangée d'ouvriers en habit de travail et se rend à la recette supérieure. Il assiste à l'ascension d'une cage de charbon et poursuit sa visite autour de la halle au triage.

A l'arrivée près de l'escalier en escargot, les jeunes trieuses présentent un bouquet à M. Carnot : « Monsieur le Président, dit l'une d'elles, les ouvrières de la fosse n° 5 sont heureuses de vous souhaiter la bienvenue. » M. Carnot embrasse la jeune fille; on crie : Vive Carnot !

M. le Président, poursuivant sa visite, arrive près du puits : une cage remonte les seize plus vieux ouvriers de la fosse, qui présentent au Président un bouquet et lui disent : « Monsieur le Président, les ouvriers de la Société des mines de Lens sont profondément touchés de l'honneur que vous leur faites et vous offrent en témoignage de leur reconnaissance et de leur dévouement une gaillette de charbon extraite de la fosse n° 5. »

Cette gaillette est fixée à un superbe bouquet. M. Carnot remercie et serre les mains des ouvriers.

Pendant ce temps, une seconde cage remonte les douze plus jeunes ouvriers de la fosse, qui poussent, en arrivant au jour, des vivats répétés. M. Carnot leur a donné cent francs à se répartir entre eux douze.

M. le Président passe devant les mécaniciens, assiste à l'ascension d'une cage, passe devant les chauffeurs, descend, passe de nouveau devant le personnel de la Société et monte dans le train présidentiel qui le conduit à la cité ouvrière Dumoulin.

Là, sur une estrade dressée au milieu de la route, a lieu la distribution des médailles. Au premier ouvrier mineur, M. Carnot parle affectueusement et lui attache la croix sur la poitrine ; très ému, les larmes aux yeux, le mineur descend soutenu par ses amis. Des médailles sont remises à vingt autres ouvriers.

A une heure trente, le Président de la République, avant de quitter la cité Dumoulin, a visité la maison d'un ouvrier mineur, nommé Douanne. Cet ouvrier, ayant à ses côtés sa femme et deux de ses filles, a fait à M. Carnot les honneurs de son logis.

M. Carnot s'est informé de la santé de ses autres enfants. Douanne, fort intimidé, n'a pu répondre. Sa femme a pris la parole à sa place, et a fait savoir au Chef de l'État que ses six autres enfants se portaient bien et étaient partis à la fosse.

M. Carnot, après avoir conversé un peu avec Douanne et sa femme, leur a remis cent francs pour leurs enfants. Il les a félicités de la propreté avec laquelle était tenue leur maison, qui se compose d'une vaste cuisine, d'une salle à manger, de deux chambres et d'une cour.

Les voisins de Douanne ont fait une ovation au Président de la République.

Nous arrivons au lieu fixé pour le banquet près la fosse n° 2.

La table, dressée sous un hangar, est merveilleusement servie, on compte 400 couverts. Les musiques des mines de Courrières, de Lens et de Liévin se font entendre.

Les Banquets.

Deux banquets ont été offerts ce matin à Lens.

M. Carnot a assisté à l'un et à l'autre. Il a d'abord pris part à celui qui était offert par le Comité des houillères ; il s'est rendu ensuite à celui qu'avaient organisé par souscription les ouvriers des mines.

Au banquet offert par le Comité des Sociétés houillères, M. Vuillemin, président du Comité, a prononcé un discours dont voici les passages saillants :

La production des bassins du Nord peut, au grand avantage du pays, des consommateurs comme des producteurs et de la population tout entière de notre région, se développer considérablement et promptement. Leur richesse, six milliards de tonnes, les capitaux qui y sont engagés, 450 millions, la population ouvrière permettront de porter, en peu d'années, cette production à 20 millions de tonnes et de mettre au jour une valeur énorme, nulle tant qu'elle reste enfouie dans les entrailles de la terre. Et pour cela, que faut-il ? Des voies économiques de transport.

La situation est intolérable ; elle est un obstacle insurmontable au développement des expéditions si avantageuses par la voie d'eau, par suite au développement de la production des houillères du Nord, et se traduit en définitive par une aggravation de frais de transports. Ainsi le fret est aujourd'hui le même qu'en 1878, malgré les améliorations apportées à la voie et qui n'ont abouti qu'à une augmentation de la capacité de fréquentation. Et ce fret ira certainement en augmentant avec l'accroissement prévu des expéditions, car l'encombrement, les entraves, les retards de la circulation augmentent nécessairement les frais de la batellerie.

Tout le monde est aujourd'hui d'accord pour reconnaître la gravité de cette situation, et les divers ministres des travaux publics qui se sont succédé ont tous recherché les moyens d'en sortir et de conjurer un véritable péril qui en est la conséquence. Seulement, tous ces moyens ont échoué jusqu'ici devant l'impossibilité d'obtenir de l'Etat les ressources nécessaires à l'exécution indispensable d'une nouvelle voie du Nord vers Paris.

La création d'une Chambre de navigation a toutes les sympathies des houillères. Elle permettra non seulement de réaliser l'établissement de la voie nouvelle, mais aussi d'apporter, en attendant, à la voie ancienne des améliorations nouvelles, indispensables pour assurer son service, et aussi d'appliquer un outillage spécial de traction mécanique et une meilleure organisation, qui auront pour conséquence un abaissement des frais de toutes sortes de l'industrie des transports par eau.

Ensuite M. Donel, président du Comité des mines de Lens, a prononcé un discours où il a dit que les 60,000 familles charbonnières de la région ne demandaient qu'une chose, la sécurité du lendemain.

M. le Président de la République a répondu :

Messieurs,

Avant de répondre aux deux discours que je viens d'entendre et qui touchent avec tant de compétence à des intérêts considérables pour votre région et pour la France entière, je tiens à adresser mes remerciements sincères au Comité des houillères et à la Société des mines de Lens.

Les heures que j'ai passées parmi vous, au milieu de cette vaillante population de travailleurs, au centre de ces exploitations si savamment aménagées, me laisseront de précieux souvenirs.

Si j'ai éprouvé, il y a quelques semaines, en inaugurant l'Exposition Universelle, un sentiment de fierté patriotique (Applaudissements) devant toutes les merveilles que la France offre aux regards du monde, c'est avec une émotion reconnaissante que ma pensée se tourne vers les artisans de cette grande œuvre (Nouveaux applaudissements) ; et parmi eux, dans ce siècle du fer, en est-il qui aient plus largement contribué que ces vaillants mineurs, qui fournissent le pain de l'industrie, comme on le disait tout à l'heure ?

Aussi est-ce bien cordialement que je salue tous ces travailleurs, en même temps que ces chefs habiles qui dirigent leur labeur, cette administration sage et prudente qui les entoure d'une paternelle sollicitude et se préoccupe de leur sécurité et de leur bien-être. (Applaudissements répétés.) Les superbes développements d'une exploitation qui date de quarante ans à peine et qui fournit déjà un tiers de la production de la France, frappent le visiteur d'admiration, et l'on ne pourrait trop louer la science des ingénieurs qui savent perfectionner les procédés et surmonter toutes les difficultés techniques, ainsi que la hardiesse et l'activité de ceux qui administrent ces trésors mis au jour. (Applaudissements prolongés.)

Mais je ne suis pas moins touché, Messieurs, du côté moral et intellectuel de votre œuvre dont vous n'avez pas parlé ; vous avez été trop modestes pour le faire. (Nouveaux applaudissements.) Tous les soins que vous prenez pour améliorer la situation des travailleurs, vos procédés pour leur assurer un air pur à respirer, les perfectionnements apportés aux lampes de sûreté, et, à côté de cela, l'installation des logements, l'organisation des écoles et des caisses de secours, les pensions des veuves et des orphelins, voilà de bonnes, d'utiles œuvres que vous avez bien voulu présenter à notre admiration. (Applaudissements.)

Faut-il s'étonner, quand on a parcouru votre carreau, vos maisons ouvrières, ces rues dans lesquelles on voit le bien-être se manifester partout, qu'on trouve ici la sympathie mutuelle et le dévouement, et qu'on ait le choix sur une longue liste d'ouvriers et d'employés ayant plus de trente ans de bons services, pour en récompenser seulement quelques-uns ? (Applaudissements répétés.)

Vous avez, Messieurs, appelé l'attention des pouvoirs publics sur la nécessité d'assurer à bref délai un débouché nouveau aux produits, chaque jour grandissants, de votre exploitation. M. Vuillemin a bien voulu se souvenir du concours qu'il m'a été donné, à diverses reprises, d'apporter à la réalisation de ce vœu ; il sait donc quelle est ma conviction personnelle et il ne peut douter de l'intérêt que j'attache au succès d'une entreprise qui touche de si près à l'industrie française.

J'ajoute que M. le Ministre des travaux publics vient d'interroger, par une note pressante, les Conseils généraux du Nord et du Pas-de-Calais sur une combinaison que vous avez vous-même rappelée tout à l'heure et en faveur de laquelle vous avez donné tant d'excellentes raisons.

Je serais heureux que ma visite dans ce centre de travail pût hâter sa solution, en témoignant une fois de plus de la sollicitude du gouvernement de la République pour vos laborieuses populations. (Applaudissements répétés.)

Je lève mon verre à la prospérité des houillères du Pas-de-Calais et du Nord, aux travailleurs de la mine !

Une triple salve d'applaudissements, des cris de : Vive Carnot! Vive la République! saluent cette brillante péroraison.

Après ce discours, le Président de la République se rend aux magasins Hugot, où a lieu le banquet ouvrier.

Le bruit avait été répandu par les conservateurs que M. Carnot n'y assisterait pas ; on voulait exciter la population, mais la manœuvre a fait long feu ; du reste, des affiches avaient annoncé la visite du Président ; aussi la réception a-t-elle été chaleureuse.

M. Desprez, conseiller général, ancien député, qui présidait, a prononcé un discours où il a attesté les sentiments républicains de la population, son horreur du césarisme, et où il a remercié M. Carnot d'avoir bien voulu fraterniser avec tous les artisans de la fortune publique qui étaient là réunis, mineurs ou cultivateurs.

Au nom de tous mes collègues, a-t-il terminé, au nom de tous ces artisans de la fortune publique, merci, Monsieur le Président, merci, Monsieur le ministre, d'avoir bien voulu vous arrêter un instant ici. Nous sommes reconnaissants à la République de tout ce qu'elle a déjà fait pour nous, surtout des lois protectrices qu'elle a su donner à l'agriculture pour l'aider à lutter contre la concurrence étrangère.

Continuez à protéger le travail national, continuez à multiplier les voies de transports économiques, et puisse votre passage dans ce pays être marqué par la création du grand canal du Nord dont vous fûtes, Monsieur le Président, le si chaleureux défenseur à la Chambre des députés en 1883, et que tous, ici, cultivateurs, industriels, commerçants et ouvriers, sommes unanimes à réclamer avec la plus vive instance !

M. le Président de la République a répondu en ces termes :

Messieurs,

Je suis profondément touché des paroles si cordiales de bienvenue qui accueillent parmi vous le représentant du gouvernement de la République. (Applaudissements.)

Elles doublent le plaisir que je me promettais en venant saluer ici les élus de vos communes et les travailleurs des champs, des ateliers et des mines.

En parcourant ce matin votre cité industrielle, en visitant les installations de vos houillères et celles d'une de ces belles fermes, qui témoignent de votre richesse agricole, j'ai éprouvé un sentiment de réelle admiration devant cette activité féconde, qui fait la fortune de votre pays et qui engendre les merveilles de nos Expositions. (Applaudissements répétés.)

J'ai senti battre le cœur d'une population laborieuse et fière, attachée aux libres institutions qui lui ont assuré une ère de paix, d'ordre et de progrès, comme aussi une efficace protection pour ses travaux. (Nouveaux applaudissements.)

En comblant de vos témoignages de sympathie celui que mon cher ancien collègue (Applaudissements prolongés), M. Desprez, voulait bien appeler tout à l'heure le gardien fidèle de ces libres institutions, vous m'avez, Messieurs, donné un gage précieux de votre confiance. Je vous en remercie. Cette confiance fait notre force et la France républicaine saura déjouer les entreprises de tous ses ennemis, sous quelque masque qu'ils s'abritent, et garder l'estime et la sympathie que lui témoignent aujourd'hui tous les peuples.

Les applaudissements les plus enthousiastes ont accueilli ce discours. Tous les ouvriers qui assistaient à ce banquet se sont levés et ont crié à huit ou dix reprises : Vive Carnot ! Vive la République !

La municipalité de Liévin et le Conseil de l'administration houillère de cette ville étaient venus apporter leur concours enthousiaste à cette fête patriotique.

M. SCHMIDT
Maire de Liévin.

M. Carnot nomme M. Schmidt, maire de Liévin, officier d'Académie, et félicite M. Viala, ingénieur-directeur, du développement rapide de la Société houillère.

Félicitations bien méritées, car la production présumée de l'année courante atteindra le chiffre de 660,000 tonnes, dépassant de près de 400,000 celle de 1879.

Située au sud des concessions de Béthune, Lens et Bruay, au midi par conséquent du bassin du Pas-de-Calais, la Compagnie comprend une étendue superficielle de 3,000 hectares ; 17 kilomètres de voies ferrées la traversent, reliant les cinq centres d'extraction et aboutissant à un port d'embarquement, dont la situation sur le canal de Lens à la Deule est un des gros avantages de l'exploitation.

Une installation mécanique des mieux comprises permet en effet de transborder directement le charbon des wagons dans les bateaux.

M. VIALA
Ingénieur-directeur des mines de Liévin.

Un mot, enfin, tout à l'éloge des Compagnies houillères qui savent maintenir d'une façon exemplaire l'union et la concorde dans la grande famille formée par les corons : Ici, les grèves sont inconnues.

Ajoutons, avant de quitter Lens, que M. Saisset-Schneider, préfet du Nord, est venu apporter à M. Carnot l'hommage des populations du Nord et l'assurer de leur respectueux attachement pour son gouvernement et pour sa personne.

On assure que quelques réactionnaires avaient préparé, à Lens, une

BÉTHUNE

RÉCEPTION A L'HOTEL DE VILLE

contre-manifestation et qu'ils ont renoncé à leur dessein, devant l'enthousiasme si unanime qui a éclaté partout sur le passage du Président de la République.

M. Paul Arrivière, au nom de M. Carnot, a remis 1,500 francs pour les mineurs nécessiteux de l'établissement houiller de Lens, et 1,500 francs pour les pauvres de la ville. A Arras, il a laissé une somme de 2,000 fr. au bureau de bienfaisance du chef-lieu du Pas-de-Calais.

Et maintenant, en route pour Béthune.

Avant d'arriver à Béthune, arrêt à Violaines, où, sous un soleil éclatant, une foule en costumes bigarrés acclame le Président de la République.

A Béthune.

A Béthune, réception officielle : c'est toujours le même cérémonial et le même accueil chaleureux.

C'est à trois heures cinquante que M. Carnot a fait son entrée dans Béthune. Les rues étaient peut-être encore mieux décorées qu'à Lens.

Les arcs de triomphe n'étaient pas moins nombreux. Nous n'en signalerons que deux : celui de Wendin-lez-Béthune, qui n'était formé que de pics, de lampes et de bannes de mineurs, et celui qui était placé un peu en avant de la grande place et dont le cintre était formé par des jeunes gens vêtus de blanc et de ceintures de couleur, dont les corps s'entrelaçaient, formant une espèce de voûte humaine.

Après avoir traversé une ville enthousiaste, le Chef de l'Etat monte à l'Hôtel de Ville, où commencent les réceptions.

La réception des autorités à Béthune a été annoncée par le chant de la *Marseillaise*, exécuté par le beffroi, dont la décoration était du plus bel effet.

M. Amédée Petit, président du Tribunal civil, en présentant les juges et le parquet au Président de la République, a prononcé un discours dont voici un extrait :

> Monsieur le Président de la République,
>
> En vous présentant les membres du Tribunal civil de Béthune, j'ai l'honneur de vous offrir, en leur nom et au mien, l'hommage de notre profond respect pour votre personne et de notre inaltérable dévouement à la République.

Nous n'avons garde d'oublier que la loi doit être égale pour tous. C'est vous assurer, Monsieur le Président, qu'à l'avenir, comme par le passé, nous continuerons de nous inspirer, dans l'accomplissement de la tâche délicate et élevée qui nous est confiée, de cet esprit de fermeté et d'impartialité qu'exige l'administration de la justice et qui restera toujours la plus sacrée de nos traditions.

M. Dulau, procureur de la République, a présenté les juges de paix de l'arrondissement en ces termes :

Monsieur le Président de la République,

J'ai l'honneur de vous présenter Messieurs les juges de paix de l'arrondissement. Ils m'ont chargé d'être auprès de vous l'interprète de leurs sentiments de profond respect pour votre personne. Comme chef de ce parquet, je puis vous assurer que ces collaborateurs modestes de notre œuvre apportent dans tous leurs actes, non seulement la correction du magistrat, mais encore le dévouement le plus absolu du citoyen au gouvernement de la République.

En présentant le Conseil municipal, le maire, M. le docteur Hainaut, a prononcé une allocution dans laquelle nous relevons le passage suivant :

M. Hainaut
Maire de Béthune.

Puissiez-vous, Monsieur le Président, nous conduire longtemps encore dans cette voie sage et patriotique ! Un seul écueil est à craindre, c'est que le sentiment de l'autorité, indispensable pour le maintien de la liberté, ne soit pas suffisamment maintenu. Si nous voulons rester un peuple libre, c'est à la condition de respecter le pouvoir émanant de la volonté nationale.

Le peuple, le vrai peuple, celui qui travaille, n'admet pas l'indiscipline ; il est inexorable pour les factieux. N'hésitez donc pas, Monsieur le Président, avec l'aide de vos ministres, émanant des Chambres et partant du pays, à poursuivre sans merci ceux qui troublent l'ordre moral, en méditant le retour à un passé que les honnêtes gens flétrissent sans pitié. Permettez-moi, Monsieur le Président, de terminer par ces mots qui remplissent nos cœurs : « Vive la République ! Vive son président Carnot ! »

A cette réception, s'est présentée la Société des Charitables : cette Société, dont les membres ont le devoir d'enterrer gratuitement leurs collègues décédés, a célébré cette année son septième centenaire. Les insignes spéciaux qu'ils portaient remontent à l'époque de la fondation et ont un cachet très original.

Les réceptions ont été closes par l'admission des treize fillettes désignées pour complimenter M. Carnot.

Au nom de ses compagnes, Mlle Marguerite Hainaut a adressé au Chef de l'État l'allocution qui suit :

Monsieur le Président de la République,

L'honneur que vous faites à notre cité, en lui rendant visite, a rempli ses habitants de la joie la plus vive et de la plus profonde reconnaissance. Aussi chacun veut-il vous prouver, en vous recevant aussi dignement que vous le méritez, combien grand est ici l'amour du gouvernement de la République et le respect qu'inspire son chef vénéré.

Les enfants de Béthune ont tenu également à honneur de ne pas rester à l'écart de cette solennelle circonstance. Permettez-moi donc, Monsieur le Président, de venir, en leur nom, vous souhaiter la bienvenue et vous présenter leurs plus respectueux hommages. Ce modeste bouquet qu'ils vous offrent et qu'ils vous prient d'accepter, vous sera, ils l'espèrent, un gage précieux de leur affection et de leur profonde gratitude.

Vive M. Carnot !

Vive la République !

Au cours des réceptions officielles, M. Carnot a distribué les décorations et médailles suivantes :

A M. Hallouchery, directeur des tabacs, la croix de la Légion d'honneur ;

A M. Félix Gourdin, juge de paix du canton de Cambrin, les palmes académiques ;

A M. Alphonse Outrebon, commandant des pompiers, une médaille d'or ;

A M. Leroux, chef de gare, une médaille d'or. M. Leroux est un courageux citoyen qui, en dehors des attributions qui lui sont confiées depuis vingt ans, semble consacrer le reste de son temps à sauver ses semblables ;

La médaille d'argent de deuxième classe à MM. Auguste Buchart, dit Buchon, et Poly, sapeurs-pompiers, un diplôme d'honneur à M. Noël Delannoy ;

Et des médailles d'honneur à des vieux ouvriers comptant plus de trente années de service dans le même établissement.

M. LEROUX
Chef de gare de Béthune.

M. Carnot s'est ensuite dirigé, au milieu de nouvelles ovations, vers les rivages de la Deule, où il a visité les quais de déchargement de la houille dans les bateaux, au moyen d'un système à bascule mû par la vapeur, qui permet de décharger un wagon en une seule fois.

Une dernière et formidable acclamation : le Chef de l'État a quitté le territoire de Béthune. Mais avant de partir, M. le Président de la République a remis quinze cents francs à M. le docteur Hainaut, maire, pour les pauvres de la ville.

Toujours du bien partout où il passe ; toujours la part du malheureux.

A Bruay.

Le Chef de l'État est arrivé à Bruay vers six heures et demie. Nous revoici dans un milieu de mineurs. Mêmes physionomies, mêmes tenues, mêmes cris. A sa descente du train, trois jeunes élèves des sœurs de Saint-Vincent-de-Paul, vêtues de rouge, de bleu, de blanc, lui ont offert des bouquets.

M. Carnot a visité les ateliers du chemin de fer, puis les installations supérieures de la fosse n° 3. Il y a vu manœuvrer l'ascenseur qui sert à remonter les mineurs. Il s'est rendu ensuite à la maison du porion Maréchal, qui l'a reçu dans sa salle, entouré de sa nombreuse famille ; il a félicité Mme Maréchal de la propreté toute flamande, a-t-il dit, de son ménage.

Le plus jeune fils du porion a très gentiment récité un court compliment ; M. Carnot l'a embrassé et lui a remis cent francs.

Sur la place du village était construite une estrade au centre de laquelle s'élevait la statue de M. Jules Marmottan, maire de la ville de 1870 à 1880 et président fondateur de la Compagnie de Bruay.

Cent soixante convives environ ont assisté au banquet offert par la Compagnie de Bruay au Président de la République. Derrière M. Carnot était placée une tenture rouge sur laquelle se détachait le buste de la République encadré dans des faisceaux de drapeaux. Les motifs de la décoration de la salle étaient empruntés aux outils dont se servent les mineurs.

Trois fanfares se sont fait entendre pendant le repas : celle de Marles, de Houdain et de Bruay.

Cette dernière a exécuté un pas redoublé intitulé : *Carnot*, et dédié au Président de la République.

Le discours prononcé par M. Marmottan a été, comme celui du Chef de l'Etat, interrompu par de fréquents applaudissements. Ces applaudissements ont redoublé lorsque M. Marmottan a dit que M. Carnot était l'expression la plus élevée de la légalité et que la masse de la démocratie se serrait autour de sa personne comme autour du symbole de la droiture et de la loyauté.

L'orateur n'a pu reprendre la parole qu'au bout de quelques instants.

M Carnot a répondu à M. Marmottan par le toast suivant :

Mon cher Président,

Vous avez écouté une amitié déjà trop ancienne, et je ne veux retenir de vos flatteuses paroles que celles qui peuvent fortifier le représentant du gouvernement de la République dans l'accomplissement de ses devoirs. (Très bien ! bravos, applaudissements.)

Si ma visite aux établissements de la Compagnie de Bruay apporte à ses administrateurs, à ses employés, à ses ouvriers un encouragement, soyez convaincu que l'accueil si chaleureux, si sympathique, je pourrais même dire si affectueux (Nouveaux applaudissements) que je rencontre au milieu de vos laborieuses populations, est la plus précieuse récompense de mon attachement à la République et de mon dévouement au bien de notre chère France. (Applaudissements prolongés.)

Cette vaillante population qui s'élève par le travail et qui contribue si largement au développement de la fortune publique, a conscience de l'intérêt que je lui porte et des sentiments qui m'animent, quand je viens la visiter et m'enquérir de son sort et de ses progrès (Applaudissements); son accueil même m'en est un sûr garant, et je l'en remercie. (Applaudissements répétés.)

Vous disiez tout à l'heure, mon cher Président, que ces masses profondes de la démocratie m'ont donné leur confiance, comme au gardien fidèle de la République, et au défenseur résolu des libertés publiques. Mon dévouement saura justifier cette confiance, et la France ne souffrira pas que personne vienne compromettre le merveilleux relèvement qu'elle doit à dix-huit années de paix, d'ordre et de liberté. (Applaudissements prolongés pendant quelques minutes.)

Nous avons eu aujourd'hui le plus frappant exemple de ce que savent faire ces courageux artisans du progrès (Nouveaux applaudissements); un pays transformé en trente années, une exploitation organisée grandissant comme par enchantement, des millions distribués en salaire, d'autres millions allant au loin grossir la fortune du pays et une vaillante population prête à redoubler d'efforts dès que de nouveaux débouchés seront ouverts aux produits de son travail par de nouvelles voies de communication. (Applaudissements.)

De pareils résultats imposent le respect et l'admiration.

Quelle sympathie, Messieurs, on emporte en vous quittant, pour les courageux pionniers que nous venons de suivre dans leur laborieuse existence, dont chaque heure profite à la grandeur et à la prospérité de la France ! Honneur à vous, honneur à ceux qui guident leurs travaux, à la Compagnie de Bruay, à ses ingénieurs, à ses ouvriers !

Les applaudissements les plus enthousiastes et les cris prolongés de : Vive Carnot! Vive la République! ont accueilli ce discours.

M. Carnot a quitté la salle du banquet, précédé de la musique et des mineurs de Bruay qui portaient des torches ou qui avaient sur leurs chapeaux leurs lampes Davy allumées.

Le coup d'œil que présentait le cortège était des plus pittoresques. Le Président de la République a fait ainsi à pied le trajet jusqu'à la maison où il est descendu, n'ayant d'autre escorte que cette vaillante et laborieuse population dont il a conquis tout l'attachement et toutes les sympathies. On a rarement vu un Chef d'État marcher ainsi sans autre protection que le respect dû à son caractère et à sa qualité de premier magistrat de la République.

Les illuminations étaient magnifiques; toutes les rues du bourg étaient ornées de girandoles formées par des guirlandes de verres de couleurs qui couraient d'une maison à l'autre.

TROISIÈME JOURNÉE

Dimanche 2 Juin.

Départ de Bruay. — Arrêts à Fouquereuil et Berguette. — Visite des aciéries d'Isbergues. — Arrêt à Aire. — Visite à l'ascenseur des Fontinettes. — Arrivée à Saint-Omer. — Déjeuner à la Sous-Préfecture. — Réception à la Mairie. — Visite des Hôpitaux. — Tir à la cible. — Banquet. — Représentation théâtrale. — Feu d'artifice.

Ce matin, à Bruay, il y a eu une descente dans les mines ; M. Yves Guyot, le colonel Kornprobst, le commandant Chamoin, l'ingénieur de la fosse et plusieurs journalistes étaient de la partie.

En revenant au jour, une somme d'argent a été remise aux mineurs qui nous avaient descendus à 350 mètres.

Le train présidentiel est l'objet de l'admiration des femmes des mineurs et des trieuses.

Le temps est chaud et la population ne le cède en rien aux exubérants patriotes du Midi.

M. Carnot a quitté Bruay ce matin à neuf heures.

M. Paul Arrivière a remis, en son nom, à M. Alfred Leroy, maire, une somme de 1,500 francs pour les ouvriers nécessiteux des mines de la Compagnie.

L'enthousiasme va grandissant. On se croirait à Marseille, tant la population est expansive. Au départ de Bruay, en signe de joie, les mineurs font éclater des cartouches de dynamite. Dans les champs, des drapeaux flottent, fixés à des mâts plantés aux abords des corons.

Après deux courts arrêts à Fouquereuil et à Berguette, où les populations viennent saluer le Président de la République, le train s'arrête à Isbergues.

Jusqu'à cette ville, les paysans accourus longent la voie en agitant des drapeaux, en acclamant M. Carnot.

M. le Président de la République est reçu aux aciéries par MM. Demeure, directeur de la Compagnie, de Dordolot, administrateur, et Baar, ingénieur. Trois petites filles habillées aux couleurs nationales offrent un bouquet au Président ; l'une d'elles récite un compliment. La réception a lieu dans un immense hall à charpente métallique de 92 mètres sur 75 mètres.

En vingt jours, l'usine produit huit mille quatre cent cinquante tonnes de rails.

Tous les ouvriers travaillent, et M. Carnot assiste à une coulée. La chaleur est tropicale. Les hauts fourneaux consomment journellement 800 tonnes de minerai. La fonte produite est transformée directement en acier. Aussitôt le démoulage achevé, les lingots sont transportés rouges dans les fours, d'où ils sont ensuite transformés en billettes carrées. On procède après au laminage des rails.

La forge de Vulcain n'est rien à côté de cette usine.

M. Carnot sort tout en nage, les ouvriers crient : Vive Carnot ! Vive la République ! A ce moment, les enfants des écoles communales, filles et garçons, avec des écharpes tricolores, viennent adresser des compliments au Président ; celui-ci embrasse les fillettes, tapote amicalement quelques frimousses de gamins, lesquels, rouges de joie, crient : Vive Monsieur le Président !

Après que M. Mercier, sous-préfet de Béthune, a pris congé de M. Carnot, on se remet en route. Le train s'arrête à Arques pour la visite des curieux ascenseurs des Fontinettes. M. le Président s'intéresse vivement à cette merveille hydraulique, unique en France, dont M. l'ingénieur Gruson fait les honneurs.

Rien de plus hardi que le travail consistant à descendre les plus lourds bateaux d'une écluse à une autre, située à treize mètres au-dessous ; autrefois, il fallait ouvrir cinq écluses successives et la perte d'eau et de temps était considérable ; à présent, grâce à ce puissant ascenseur enlevant et descendant les plus énormes chalands d'un côté du canal dans l'autre, l'opération dure une minute. Le Président et les invités montent

en bateau et l'ascenseur fonctionne. Sur les rives, la population massée applaudit.

Nous touchons à la fin de cette intéressante, mais fatigante journée. A Saint-Omer, l'initiative privée a fait des merveilles ; si l'on n'offre plus au Chef de l'État les clés de la ville, on a offert à M. Carnot l'hommage de l'enthousiasme d'une population unanimement patriotique. Ce ne sont partout que des inscriptions rappelant les actes de la famille Carnot, car Lazare-Hippolyte Carnot, père du Président, naquit ici, ainsi que nous le rappelle une fort intéressante étude de M. L. de Lauwereyns de Roosendaële.

L'entrée en ville du Président est saluée par cent un coups de canon ; les cloches sonnent à toute volée ; les vivats sont enthousiastes ; la voiture présidentielle disparaît sous les bouquets ; des fleurs sont jetées de toutes les fenêtres. Enfin, le cortège arrive à la sous-préfecture, où a lieu un déjeuner offert par M. le Président.

M. RINGOT
Maire de Saint-Omer.

Prennent part au déjeuner : MM. Yves Guyot, Nanéau, sous-préfet, le général Brugère, le colonel Kornprobst, le commandant Chamoin, M. Arrivière, secrétaire particulier, MM. Huguet et Demiautte, sénateurs ; MM. Ribot et Camescasse, députés ; le président du Tribunal civil ; M. Ringot, maire ; le général commandant le corps d'armée, le procureur général, les colonels du 8e de ligne et du 21e dragons, etc. Le repas a été empreint d'une grande cordialité.

Le déjeuner terminé, M. le Président de la République s'est rendu avec sa suite à l'Hôtel de Ville.

Près d'un arc de triomphe représentant la tour Eiffel, une petite fille de l'école de Mlle Lallemant a présenté à M. le Président un bouquet de fleurs cueillies dans un jardin appartenant en 1801 à son arrière-grand-père, M. du Pont de Lorot.

M. Carnot, visiblement ému de ce gracieux hommage, a serré amicalement la main au président de cette Société et a embrassé la petite écolière portant un vêtement tricolore, Mlle Rosa Dornert.

Lorsque tous les membres du Conseil municipal ont eu fait cercle dans le grand salon, M. Carnot s'est approché du maire, M. Ringot, et lui a attaché sur la poitrine la croix de chevalier de la Légion d'honneur. Tous les conseillers municipaux ont applaudi.

Outre M. Ringot, maire de Saint-Omer, M. le Président de la République a nommé chevalier de la Légion d'honneur M. de Lauwereyns de Roosendaële, agrégé d'histoire, professeur honoraire et conservateur de la bibliothèque et des archives, et M. Dumollard, commandant au 8ᵉ de ligne.

M. DE LAUWEREYNS DE ROOSENDAËLE
Conservateur de la Bibliothèque et des Archives de Saint-Omer.

La médaille d'honneur a été décernée à M. Puy, portier-consigne, et à M. Spetter ; les palmes académiques, à M. Dubroeuq, maire d'Andruicq, et à Mˡˡᵉ Vitu, institutrice à Seninghen. M. Dickson a obtenu la croix de chevalier du Mérite agricole.

Des médailles de sauvetage ont été remises au drapeau de la compagnie de sapeurs-pompiers de Lumbres, à M. Morieux pour acte de dévouement, et des médailles de bronze à MM. Croquet, Charpentier, Mᵐᵉ Sophie Lajeunesse, MM. Gotet, peintre, Mouton, Papière et Setam, ouvriers.

Après la réception des autorités à l'Hôtel de Ville, M. Carnot a visité l'hôpital Saint-Louis, où il a laissé 300 francs pour améliorer l'ordinaire du soir.

Le colonel du 21ᵉ dragons s'étant refusé à organiser un carrousel, pour l'excellente raison qu'il avait été prévenu trop tard, on a offert au public un tir à la cible. Le Président en a profité pour aller se reposer à la sous-préfecture.

Sur son parcours, les grévistes pipiers arrêtent sa voiture, lui remettent un bouquet, un porte-cigare et une adresse très bien comprise et très calme dans sa forme.

Les pipiers ont à se plaindre des patrons qui, paraît-il, ne liquident pas régulièrement leur pension de retraite.

SAINT-OMER

L'ARC DE TRIOMPHE DES GYMNASTES

Photographie Van Bosch
P. Boyer, successeur
35, Boulevard des Capucines
Paris

Les ouvriers sont soutenus par la municipalité et par toute la population. Voici leur adresse :

« Monsieur le Président, permettez à un groupe important de travailleurs de saisir avec empressement votre heureux passage en notre ville pour vous présenter ses hommages, saluer en vous le républicain fidèle, le digne représentant de la nation et le premier magistrat de la République. Bien que nous nous soyons trouvés depuis plus de vingt jours dans la triste nécessité de nous mettre en grève pour tenter d'obtenir ce que nos réclamations individuelles ont été impuissantes à nous procurer :

» Un peu moins de misère pour nos chers enfants, pour nos femmes et pour nous-mêmes, — nous ne nous livrons, pour obtenir ce résultat, qu'à l'exercice d'un droit incontesté sans qu'il vienne à la pensée d'aucun de nous de rendre responsable de notre triste situation la forme de gouvernement qui nous est aussi chère, Monsieur le Président, qu'à vous-même, et pour laquelle nous serions disposés, si la situation l'exigeait, à sacrifier notre vie..

» Nous vous prions donc, Monsieur le Président, de vouloir bien accepter notre modeste présent comme gage de sympathie offert à celui qui a charge de porter le plus haut le drapeau de la France et de la République. »

Le Président répond qu'il est sensible aux sympathiques paroles des délégués ; il leur fait espérer qu'ils recevront satisfaction.

Malheureusement cela ne dépend pas de M. Carnot, sans quoi ce serait chose faite, et en peu de temps.

Après une heure de repos bien gagné, M. Carnot se rend à l'hôtel des pompiers, où a lieu un banquet de deux cents couverts.

C'est l'hôtel de la *Porte d'Or*, tenu par M. Coolen, qui a été chargé du menu suivant :

Consommé Printanier
HORS-D'ŒUVRE
Timbales Milanaises
RELEVÉ
Truite saumonée, sauce Genevoise
ENTRÉES
Canetons de Rouen aux petits pois — Filet de bœuf à la Périgord
RÔTIS
Chapons de la Bresse — Ortolans en caissettes
LÉGUME
Fonds d'artichauts à l'Italienne
PIÈCES FROIDES
Aspic de foies gras — Langouste à la Parisienne — Salade Russe
ENTREMETS
Pièces montées — Bombes glacées — Desserts — Bonbons — Fruits primeurs
VINS
Sauterne du Château des Rochers — Bordeaux — Château Beychevelle
Château Canon — Champagne frappé — Pommard Rugien — Corton
CHAMPAGNE
Louis Rœderer — Veuve Pommery et Greno

Tous les convives ont tenu à emporter la gracieuse œuvre typographique due à l'importante maison L. Lagache; les armes de Saint-Omer, or, argent et rouge, étaient du plus joli effet.

Au dessert, deux discours ont été prononcés : le premier, par M. Ringot, maire de Saint-Omer ; le second, par M. Carnot.

Voici le passage essentiel du discours du maire de Saint-Omer :

La ville de Saint-Omer est fière de rappeler que de pieux souvenirs vous rattachent à elle et que vous avez ici droit de cité. (Applaudissements.)

Inébranlable dans sa foi républicaine, elle se réjouit du vote presque unanime de l'Assemblée nationale, qui vous a appelé à la première magistrature de l'État ; elle est convaincue que les institutions dont vous avez la garde n'ont rien à redouter des appétits et des rancunes qui conspirent contre elle.

Répondant à M. Ringot, le Chef de l'État s'est exprimé en ces termes :

Monsieur le Maire,
Messieurs,

Vous êtes, j'en suis certain, le fidèle interprète de vos concitoyens, et c'est avec une bien vive satisfaction que je viens d'entendre traduire avec autant d'élévation que de fermeté les sentiments de la population de Saint-Omer. Les vieux souvenirs qui me rattachent à votre cité, comme vous avez eu la bonne pensée de le rappeler, créent entre nous des liens que vient de resserrer la magnifique journée qui s'achève. (Vifs applaudissements.)

La splendide décoration de nos édifices et de nos rues, les ovations touchantes que j'ai partout rencontrées, cet accueil véritablement cordial et affectueux, tout cela me laissera de précieux souvenirs et consacre un droit de cité dont je m'honore. (Salves d'applaudissements.)

Mais, Messieurs, ce n'est pas seulement la ville natale de mon père, qui m'a aujourd'hui accueilli avec tant d'éclat, c'est une cité dévouée à la République (Nouveaux applaudissements), qui a tenu à manifester ses sentiments, et en acclamant son premier magistrat, elle a voulu donner au gouvernement à la fois une force et un encouragement. (Chaleureux applaudissements.)

La tâche à laquelle ce gouvernement consacre ses efforts serait facile à accomplir, s'il lui était donné de rencontrer partout des auxiliaires tels que ceux qui m'entourent en ce moment, si tous les Français voulaient se pénétrer des sentiments de concorde et d'union qui vous animent, si l'on consentait à faire partout, à sa patrie, le sacrifice des mesquines querelles et des misérables ambitions. (Salves d'applaudissements.)

Cet admirable peuple qui vient de donner au monde la mesure de son génie par l'Exposition Universelle, et la preuve de sa grandeur morale par la célébration du centenaire de 1789, ce peuple, laborieux comme il est honnête et généreux, ce peuple de France ne demande que la paix au dedans et au dehors, et que la liberté pour accomplir ses traditionnelles destinées d'initiateur du progrès et de la civilisation. (Applaudissements répétés.)

Ne seraient-ils pas bien coupables, ceux qui viendraient enrayer sa marche et jeter le trouble dans cet admirable chantier du travail intellectuel et moral, aussi bien que du travail matériel ? Tous les artisans de la fortune nationale ne demanderaient-ils pas alors justement, contre les fauteurs de discorde, protection pour leur repos et pour leur liberté ? (Tonnerre d'applaudissements.)

Soyez certains que le gouvernement de la République est profondément pénétré de ses devoirs, et que, si jamais il était menacé, il saurait faire respecter de tous les institutions que la France s'est données et les libertés publiques qu'elle a conquises. (Triple salve d'applaudissements ; cris de : Vive la République ! Vive Carnot !)

C'est, ainsi que vous le disiez si bien, Monsieur le maire, le vœu des populations vaillantes et républicaines qui vous entourent ; c'est, j'en ai la conviction, le vœu du pays entier qui, en dépit des calomnies intéressées, n'a jamais marché plus résolument dans la voie du progrès et n'a jamais montré plus de vitalité, de sagesse et de puissance, et qui est fier d'offrir au monde sa splendide hospitalité. (Applaudissements longtemps prolongés.)

Je traduis les volontés de la France comme celle des concitoyens de cette belle contrée, en levant mon verre à la concorde, à la paix au dedans et au dehors !

On a rarement vu un discours accueilli avec un pareil enthousiasme. Tous les auditeurs se sont levés d'un même mouvement en applaudissant à cinq ou six reprises et en criant : Vive Carnot ! Vive la République !

A neuf heures, le banquet est terminé ; la représentation de gala est commencée ; on joue le *Supplice d'une femme*, pendant qu'un feu d'artifice est tiré sous les conseils précieux de notre confrère Édouard Philippe.

Des bals s'organisent sur les places ; des fanfares sillonnent les rues.

Le temps est beau, les illuminations splendides ; de toutes les poitrines part ce cri : Vive Carnot !

QUATRIÈME JOURNÉE

Lundi, 3 Juin 1889.

Départ de Saint-Omer. — Arrêt à Audruicq. — Arrivée à Calais-Ville. — Réception des autorités à l'Hôtel de Ville de l'ancienne ville de Calais. — Déjeuner offert par M. le Président de la République. Arrivée à Calais-Maritime. — Embarquement et inauguration du port. — Visite du port. — Visite des hangars de la Chambre de commerce, des écluses, des manœuvres, du bassin à flot. — Visite des fabriques de tulle. — Banquet. — Fête vénitienne. — Bal. — Feu d'artifice. — Départ de Calais-Ville.

L'inauguration du port de Calais.

Tout l'intérêt de la journée réside dans l'inauguration du port de Calais ; aussi passerons-nous rapidement sur le départ de Saint-Omer, qui a été très chaleureux, et sur la charmante réception faite à Audruicq,

L'Amiral KRANTZ, Ministre de la Marine.

par le maire, le président du syndicat agricole, et par le curé qui a assuré M. Carnot de son respect et de son dévouement.

A dix heures du matin, à l'arrivée à Calais, l'amiral Krantz, ministre de la marine, en grande tenue, reçoit le Président, assisté du maire, M. Wintrebert. Le cortège se rend à l'Hôtel de Ville, où a lieu la réception des autorités ; nous traversons la ville ; de tous côtés les drapeaux flottent au vent, il y en a tout en tulle. Un arc de triomphe en est couvert. Il est surmonté : d'un côté, d'un beau buste de Lazare Carnot, et de l'autre d'un buste de Jacquard ; des mâts se dressent tout autour du nouveau bassin à flot et de l'avant-port, c'est-à-dire sur plus de trois kilomètres ; des pavillons de toutes les nations sont reliés par des chaînes garnies de verres multicolores.

Dans cette ville, l'élégance de la décoration le dispute à la richesse.

La haie, formée par les 8º, 73º et 110º régiments d'infanterie, est complétée à l'aide des corporations de sauveteurs, des chambres syndicales, etc., et par de nombreuses sociétés musicales en costumes militaires, garnis d'épais galons ; on remarque même la fanfare de Bougival, de Seine-et-Oise. Que vient-elle faire ici ? Il y a du reste de la musique partout, place d'Armes, place de la République, place de l'Égalité, place Crèvecœur, place des Nations, etc. Les Calaisiens ont bien fait les choses et les Calaisiennes sont charmantes avec leurs coiffures en éventail, qui les ont fait surnommer les femmes-soleil ; elles sont les plus enthousiastes au passage du cortège présidentiel.

M. le Président de la République se rend à l'hôtel Dessin, où il offre à déjeuner aux autorités de la ville. L'historique de cet hôtel est curieux à rappeler.

Fondé il y a plus de cent cinquante ans, il a toujours été géré de père en fils par la famille Dessin. Cet hôtel que Sterne, par son « Voyage sentimental », a fait connaître du monde entier ; a eu l'honneur de recevoir les empereurs, rois, princes, toute la noblesse anglaise et en général toutes les notabilités qui passaient par Calais, allant en Angleterre ou en revenant.

Brûlé en partie une première fois, il fut réparé et agrandi à l'aide de capitaux fournis par une souscription que les clients anglais firent entre eux.

Brûlé une seconde fois, le roi Louis XVI fit reconnaître l'hôtel Dessin comme monument d'utilité publique, et le gouvernement français vint aider aux réparations par une avance de 60,000 livres. C'est dans cet hôtel que viennent, après un gigantesque lâcher de pigeons, les pêcheuses du faubourg maritime, « les Courguinoises ». Elles offrent à M. Carnot un bouquet et un superbe bar pêché le matin.

Aux applaudissements des assistants, M. Carnot embrasse la première pêcheuse, et comme la seconde s'avance, il les embrasse toutes : elles s'en vont joyeuses le répéter par la ville.

La division cuirassée du Nord.

Pendant le déjeuner, accompagné d'un lieutenant de vaisseau, nous allons visiter la division cuirassée du Nord, qui doit partir ce soir pour Boulogne ; elle se compose de trois cuirassés de même type, datant de trente ans.

Voici leur armement :

Le *Marengo*, gréé en trois-mâts goélette, jaugeant 7,500 tonneaux, armé de 16 canons, de 12 canons-revolvers et de plusieurs canons Hotchkiss.

L'*Océan*, jaugeant 7,500 tonneaux, armé de 20 canons-revolvers et de plusieurs canons Hotchkiss.

Le *Suffren*, jaugeant 7,600 tonneaux, armé de 10 canons, de 12 canons-revolvers et de plusieurs Hotchkiss.

Leurs dimensions sont d'une longueur de 80 mètres sur une largeur de 16 mètres, et une profondeur de 9 mètres.

L'aviso-torpilleur l'*Epervier*, qui fait fonctions de mouche d'escadre, est un des derniers spécimens ; il a une marche supérieure de 19 à 20 nœuds ; son emploi est d'éclairer la route du gros de l'escadre et de combattre les torpilleurs ; peu d'artillerie lui suffit : un canon de chasse, un de fuite et quelques canons-revolvers ; muni de tubes lance-torpilles, il est d'un grand secours dans l'action des cuirassés.

Viennent ensuite quatre torpilleurs, deux avisos et quatre gardes-pêche ; nous les reverrons demain à Boulogne.

La cérémonie de l'inauguration.

L'inauguration du port de Calais a lieu en présence de M. Carnot, de l'amiral Krantz, de M. Yves Guyot, de M. Guillain, directeur de la navigation, de M. Vel-Durand, préfet, de M. Wintrebert, maire, de M. Fournier, président de la Chambre de commerce, de M. Vétillard, ingénieur-chef, de MM. Chargueraud et Jullien, ingénieurs du port.

M. FOURNIER
Président de la Chambre de commerce.

La fortune de Calais réside tout entière dans son port ; aussi la population, qui n'était que de vingt-cinq mille habitants en 1875, est aujourd'hui de soixante mille. C'est M. Sadi-Carnot, alors ministre des travaux publics, qui signa la loi du 3 août 1881 complétant le programme ébauché en 1875 ; il y a encore des travaux à faire ; mais, actuellement, le port est en état de recevoir les plus grands navires, et ceux-ci peuvent rester constamment à flot, même dans l'avant-port, sans avoir à franchir les écluses ; les dépenses faites jusqu'à ce jour sont de 34 millions ; elles s'élèveront à 60 ; les fonds sont fournis en grande partie.

L'Angleterre porte intérêt, pour son commerce de transit, à ces travaux ; aussi a-t-on été surpris de l'abstention du gouvernement anglais, dont aucun bâtiment n'est venu saluer le Président de la République ; par contre, des membres de la Chambre des Communes, invités par le maire de Calais et le président de la Chambre de commerce, ont délégué six députés des villes manufacturières : ce sont MM. O'Connor, de Liverpool ; Randal, Cremer, de Londres ; Schwan, de Manchester ; Handel, Gosshan, de Bristol ; Illingwarth, de Bradford, et sir Wilfrid Lawson, de Brayton ; M. Karn, agent consulaire Ces messieurs prennent place sur le bateau le *Pétrel*, avec les représentants de la presse anglaise et de la presse française ; le *Pétrel* a pour capitaine M. Gournay, décoré lors de la campagne de Crimée.

Pendant ce temps, M. Carnot, accompagné des ministres, de la maison militaire et des autorités de la ville, monte sur la *Mouette*, aviso de l'État ; sur l'*Élan* prennent place les sénateurs, les députés du Pas-de-Calais, les membres des délégations des corps constitués ; les généraux et les membres du service technique des ponts et chaussées ; les bateaux partent aux accents de la *Marseillaise* ; les jetées sont couvertes d'une foule sympathique acclamant le Président.

CALAIS

DÉPART POUR L'INAUGURATION

Après la montée du port a lieu la cérémonie de l'inauguration officielle des écluses ; très curieuse, cette cérémonie ; on tend d'une rive à l'autre une banderole tricolore et c'est la poupe de la *Mouette*, sur laquelle est le Chef de l'État, qui l'emporte en se livrant passage. On applaudit des rives, et la musique du 8ᵉ de ligne joue les *Girondins*.

C'est vraiment un voyage patriotique, un voyage utile aux institutions républicaines ; il faut causer avec les marins, comme nous avons causé avec les mineurs, pour se convaincre de cette idée que les voyages du Président ramènent à la République les égarés dans les entreprises césariennes, et font aimer nos institutions, toutes de travail et de paix ; les réactionnaires ont pu s'en assurer *de visu*.

Il nous faut résumer brièvement la fin de cette journée très chargée, laquelle, commencée à huit heures ce matin, ne se terminera qu'à minuit.

Après l'inauguration du port, le Président a visité les fabriques de tulles de MM. Hénon et Davenière, à Saint-Pierre-lès-Calais. Tous les fabricants avaient été convoqués par la municipalité à l'Hôtel de Ville, pour désigner, par un vote au scrutin secret, celui d'entre eux qui aurait l'honneur de recevoir la visite présidentielle : c'est le nom de M. Henri Hénon qui est sorti de l'urne, celui de M. Davenière venait après.

La première visite fut donc pour M. Henri Hénon, qui attendait le Président Carnot sur le seuil de son usine, sous un immense velum qui en ornait l'entrée. Aussitôt le cortège arrivé dans les salons d'attente transformés en exposition de dentelles, M. Henri Hénon prononce les paroles suivantes :

Monsieur le Président,

Appelé par le suffrage de mes collègues, les fabricants de tulles de Calais, à l'insigne honneur de recevoir la visite du premier magistrat de la République, je viens vous présenter en leur nom, au nom de mon personnel et au mien, l'hommage de notre grand respect et vous assurer de notre profonde sympathie.

Nous sommes heureux de voir les rênes de l'État entre des mains loyales et fermes, capables de faire respecter les institutions qui nous régissent et de maintenir la tranquillité, la confiance et la concorde si nécessaires à la prospérité des affaires en général et des nôtres en particulier.

Je vous remercie, Monsieur le Président, d'avoir bien voulu prouver, une fois de plus, par votre présence ici, le haut intérêt que vous portez à l'industrie productrice, à cette source si vivifiante de la fortune de notre grand pays et en vous souhaitant la bienvenue, je suis heureux encore de m'écrier : Vive la République ! Vive son président Carnot !

M. Carnot remercie en quelques mots. Alors commence la visite aux salles d'exposition dont Mme Hénon, entourée de ses enfants, fait les honneurs.

En présence de M. Carnot, les ouvriers font sortir de l'un des métiers un petit mouchoir en valenciennes, dont nous donnons le fac-similé.

A chaque étage, les plus anciens ouvriers et dessinateurs offrent un bouquet au Président. Mme Hénon prie le Chef de l'État de vouloir bien accepter pour Mme Carnot un charmant coffret garni de dentelles, avec plaque commémorative et renfermant quelques spécimens des plus jolis produits de la maison.

L'exposition préparée dans l'usine de la maison Henri Hénon était des plus belles, et a beaucoup intéressé M. le Président de la République, ainsi que tout le cortège officiel et les nombreuses personnes qui l'accompagnaient.

M. Hénon

La maison Henri Hénon a été fondée en 1859. Elle occupe actuellement 250 ouvriers, ouvrières ou apprentis. Usine à vapeur modèle, éclairage électrique. Elle a produit tous les genres de tulles et d'imitations de dentelles, soit en coton, laine ou soie. Elle s'est surtout fait depuis longtemps une spécialité des genres dits à barres indépendantes et particulièrement de l'article *valenciennes fines* (imitation des dentelles de Gand, Courtrai, Ypres), production classique mais fort difficile, vendue par les négociants de Calais, Paris, Londres et New-York dans tous les pays du monde où cette dentelle, du reste, est souvent désignée sous le nom même de la maison.

La maison Henri Hénon a la première risqué la fabrication des dentelles mécaniques sur métiers à fins points avec jacquards puissants, et cette tentative suivie de succès a été, il y a quelques années, le point de départ d'une nouvelle ère pour la fabrique de Calais.

Les expositions de la maison Henri Hénon ont été très remarquées aux Expositions universelles et régionales de Paris 1878, Anvers 1885, Boulogne-sur-Mer 1886 et Barcelone en 1888, où elle a obtenu les premières récompenses.

Ses expositions actuelles, au Palais du Champ de Mars, sont on ne peut plus appréciées et font grand honneur à l'industrie des dentelles mécaniques. Ces titres ont valu à M. Henri Hénon d'être nommé membre titulaire du Jury des récompenses de la classe 34 à l'Exposition Universelle de 1889. Il avait déjà été désigné pour faire partie des comités d'admission.

M. Hénon est membre secrétaire de la Chambre de commerce de Calais et vice-président de la Chambre syndicale des fabricants de tulles.

Dans son usine, toutes les mesures de prévoyance sont prises en ce qui concerne son personnel, tant pour les accidents que pour le chômage et la maladie. La plupart de ses ouvriers sont propriétaires de la maison qu'ils habitent.

Plus de 10,000 visiteurs sont venus admirer l'exposition du salon d'attente, le bon aménagement, l'ordre parfait et les ateliers spacieux et si bien entretenus de cette usine.

Une plaque commémorative de la visite du Président Carnot a été scellée sur les murs de l'usine dont M. Henri Hénon est propriétaire.

Usine de M. H. Hénon.

Dans la seconde visite, c'est la directrice, Mme Davenière elle-même, accompagnée de ses deux enfants, qui a fait à M. Carnot les honneurs de sa fabrique. Elle lui a montré un métier qui, au moyen de modifications ingénieuses, peut non seulement produire de la dentelle, mais encore tisser des étoffes de soies.

C'est en 1869 que M. Davenière prit la succession de la maison A.-G. Pulsford. Travailleur infatigable, d'une persévérance que rien n'ébranle, il a su, pendant ces vingt années, créer un établissement de premier ordre et faire de cette petite fabrique, qui employait alors de trente à quarante personnes et faisait marcher cinq à six métiers, l'usine la plus importante et la mieux agencée du monde entier.

M. DAVENIÈRE

Représenté dans toutes les villes de l'univers, à Paris, Londres, Berlin, Vienne et New-York, M. Davenière occupe maintenant de deux mille à trois mille personnes et fait tourner régulièrement un matériel de soixante-dix à quatre-vingts métiers. Toutes ces maisons ont une autonomie complète entre elles, marchent sous la même raison sociale et dépendent de la maison de Calais. Ce sont les pointes d'une épée dont la poignée est à Saint-Pierre.

Grâce aux recherches de cet industriel, une lueur d'espérance apparaît à l'horizon de Calais. Après plusieurs années de travail opiniâtre,

CALAIS — LES NOUVELLES ÉCLUSES

Photographie Van Bosch
P. Boyer, successeur
35, Boulevard des Capucines
Paris

les efforts tentés par M. Davenière viennent d'être couronnés de succès. Ne voulant admettre qu'une population aussi importante que celle de Calais dépende exclusivement de la vente de la dentelle, M. Davenière s'est attelé à la recherche d'un nouvel article à fabriquer sur les métiers à tulles. Ses travaux l'ont amené à fabriquer, sans aucun changement, et à volonté, de la dentelle et des tissus pleins, à jours ou brochés. C'est une découverte d'une importance considérable, qui transplantera, dans une certaine mesure, c'est certain, les industriels de Lyon et de Roubaix sur le sol laborieux de Calais.

Il est impossible de ne pas être émerveillé quand on parcourt la collection innombrable de nouveautés créées par la maison. L'œil ne sait où s'arrêter. Là ce sont les valenciennes et le point à l'aiguille, ici les dentelles les plus bizarres et de l'effet le plus ravissant ; par là les classiques, le Chantilly et les blondes espagnoles ; toutes ces dentelles se coudoient, s'entrelacent et forment un ensemble industriel merveilleux et unique.

Ajoutons un dernier mot. Il nous a été donné de parcourir les ateliers de cette importante manufacture ; nous sommes heureux de l'occasion qui nous est offerte d'adresser ici nos plus chaleureuses félicitations à M. E. Davenière pour l'organisation magnifique de son vaste établissement. Tous les services, compliqués à l'infini, fonctionnent d'une façon simple et remarquable depuis la réception des soies jusqu'à la confection des marchandises ; tout est fait dans la maison : ourdissage, teinture, apprêts, etc., etc. On entre surpris dans l'usine ; on en sort émerveillé.

Après une rapide excursion à l'hôpital Saint-Pierre, où le directeur reçoit 300 francs destinés à améliorer le repas du soir des malades, le cortège présidentiel se rend aux docks immenses de la Chambre de commerce, où un banquet a lieu.

Le dîner vient de Paris, de la maison Potel et Chabot ; il est fort bien compris.

Le Banquet.

Le banquet offert ce soir au Président de la République par la Chambre de commerce et par la municipalité de Calais a été magnifiquement servi ; il comptait 565 couverts.

Il a été donné dans une salle des Magasins généraux du nouveau port. Cette salle était tendue de lampas vert; elle était ornée de glaces, d'arbustes et de faisceaux de drapeaux. Le vitrage du toit était recouvert d'un velum. La table d'honneur était dressée en forme de fer à cheval.

Quatre grandes tables étaient disposées perpendiculairement à la table d'honneur. M. Carnot présidait. Il avait à sa droite le maire, M. Wintrebert, et à sa gauche M. Fournier, président de la Chambre de commerce. A ses côtés l'on remarquait MM. l'amiral Krantz, Yves Guyot, Guillain, Griollet, Sartiaux, le général Brugère, le général Jamont, Demiautte et Huguet, sénateurs; Ribot, Camescasse, Trystram, de Clercq, Sens, Levert, Lefebvre du Prey, Desmons (Gard), Gaillard (Vaucluse), Taillandier, Lhomel, Pesson, Hermary, Dellisse, députés.

Pendant le repas, la Société des concerts symphoniques et l'Union chorale ont chanté des chœurs, et la musique du 110ᵉ de ligne a exécuté plusieurs morceaux.

Après des discours de M. Wintrebert, maire de Calais, et de M. Fournier, président de la Chambre de commerce, le Président de la République a pris la parole en ces termes :

Le Discours de M. Carnot.

Messieurs,

C'est avec un orgueil bien légitime que vous pouvez aujourd'hui faire à vos hôtes les honneurs de votre grande cité et de votre beau port.

Il n'est pas besoin, pour être frappé de leur transformation, de reporter ses souvenirs à vingt-cinq ans en arrière, à l'époque où, comme on voulait bien le rappeler tout à l'heure, j'ai connu vos bassins enserrés dans une étroite enceinte; votre port relié par des communications précaires, avec le réseau des voies de navigation intérieure; vos relations mal assurées aussi du côté de la mer par une passe sans profondeur.

Le port de Calais n'était encore guère mieux partagé il y a quinze ans. La République a été la première à comprendre et les besoins et l'avenir de votre cité.

Sous un régime de libre discussion, sous un gouvernement d'opinion qui sait entendre les vœux des populations et qui considère comme un devoir rigoureux de leur donner une satisfaction légitime, dût-il parfois s'exposer à escompter ses ressources au delà de ce que voudrait la prudence, les intérêts de Calais ne pouvaient pas être perdus de vue. Et vous avez pris, Messieurs, une glorieuse revanche, après un trop long oubli. Votre port est devenu tout d'un coup un des beaux ports de la région, capable d'engager avec ses voisins de l'étranger cette lutte féconde de la concurrence, qui enfante le progrès sans porter atteinte aux bonnes et amicales relations des peuples.

C'est avec une satisfaction patriotique, Messieurs, que nous avons constaté aujourd'hui, en traversant les nouveaux bassins auxquels ont fait place les glacis des vieux remparts entre lesquels votre ville a trop longtemps étouffé, que le port de Calais répond, à l'heure actuelle, à tous les besoins de la grande navigation et du commerce maritime.

Les plus grands navires, auxquels il était fermé, peuvent y trouver constamment une profondeur suffisante pour rester à flot, sans même avoir à franchir ces imposantes écluses que nous avons traversées aujourd'hui.

L'outillage public, encore si peu développé en 1875, comprend aujourd'hui toutes les installations qui permettent de charger et de décharger rapidement les plus lourdes et les plus encombrantes des marchandises. Partout les quais sont sillonnés de voies qui établissent des relations directes avec le réseau des chemins de fer.

Les bassins sont largement ouverts sur les canaux qui rattachent Calais à la région si riche, si belle par son industrie où je viens d'admirer la force productive de notre chère France.

Votre activité, votre initiative, avec le concours du gouvernement de la République, qui ne vous fera pas défaut, auront vite comblé ce qu'il peut exister encore de lacunes dans vos installations. Et une période de quinze années aura suffi pour décupler le mouvement commercial, auquel votre port pourra suffire.

La France républicaine a le droit d'être fière de pareils résultats, et je vous remercie, Messieurs, d'avoir gardé le souvenir de la part qu'il m'a été donné de prendre à cette œuvre. Ce n'est pas ici, au milieu des populations laborieuses et fortes qui nous entourent dans cette belle cité, qui a donné de telles preuves de sa puissance d'expansion, que pourront jamais se faire écouter les prophètes de malheur, aux yeux desquels la République n'a rien fait, et qui l'accusent d'avoir gaspillé la fortune publique et conduit la France aux abîmes.

Ceux-là, Messieurs, il y a un mois, ne voulaient pas encore croire à l'Exposition de 1889; ils ne l'ont pas empêchée d'ajouter à notre pays une nouvelle auréole de gloire. Ils n'empêcheront pas davantage le port de Calais d'être un des joyaux du domaine maritime de la France, et un jour viendra où ils regretteront, eux-mêmes, leur mauvaise humeur, et reconnaîtront, à leur tour, que la République a apporté dans la société moderne les plus puissants éléments de travail, de progrès et de prospérité. A la République! A l'avenir de Calais!

Ce discours a été interrompu par de chaleureux et unanimes applaudissements. A la fin, ces mêmes applaudissements se sont répétés.

Après le discours de M. Carnot, les députés de la Chambre des communes présents et les journalistes anglais se sont spontanément levés et ont, par trois fois, poussé leur vivat national : « Hip! hip! hurrah! » Le Président de la République s'est relevé pour remercier.

La soirée.

Quand nous sortons de la salle du banquet, la ville est féeriquement illuminée ; il y a des lanternes jusque dans les mâts et sur les vergues des bâtiments ; on danse dans le jardin Richelieu, au parc et place de la Nation.

Le bal officiel auquel assistent M. le Président et les fonctionnaires de Calais, a lieu dans les vastes bâtiments de la Chambre de commerce.

Enfin, un feu d'artifice digne de la maison Ruggieri est tiré aux acclamations des assistants.

A onze heures et demie, le Chef de l'État prend le train pour Boulogne où, à quelques kilomètres de la ville, il passera la nuit chez le sénateur Huguet.

Château où M. Carnot a passé la nuit.

C'est fini, nous sommes tous rompus et... cependant le train nous attend pour nous conduire à Boulogne, où nous arriverons vers une heure du matin.

Oh! quelle journée!

Les dons présidentiels.

La munificence du Président ne se fatigue pas un instant; dans la journée d'aujourd'hui, il a donné deux mille francs pour les ouvriers tullistes, deux mille francs aux pauvres, trois cents francs à l'hôpital, deux cents francs à l'orphelinat, cinq cents francs à la caisse de secours des marins, plus une forte gratification aux soldats de l'escorte et aux marins de la *Mouette*. Au total, près de six mille francs.

Enfin, au cours de ses réceptions et différentes visites à Calais, M. Carnot a décerné les décorations suivantes :

Ont été promus ou nommés :

Officier de la Légion d'honneur : M. Littaye, commissaire en chef de la marine;

Chevaliers de la Légion d'honneur : MM. Fournier, président de la Chambre de commerce; Delannoy, conducteur des ponts et chaussées; d'Or, commandant du 8ᵉ régiment de ligne.

MM. Wintrebert, maire, et Lejeune ont obtenu les palmes académiques.

La médaille militaire a été donnée au sous-brigadier de gendarmerie Delache; les médailles du commerce, aux ouvriers Dubois, Merlin, Mille et à Mlle Devienne; des médailles d'honneur, aux nommés Chanson, Delpierre, Lapôtre, Imbert, Agneray, aux pompiers Gouin, Ringot, Daquin, Pitet, Léal, Seret, Tétard.

CINQUIÈME JOURNÉE

Mardi, 4 Juin 1889.

Entrée dans la ville de Boulogne-sur-Mer. — Réception des autorités à l'Hôtel de Ville. — Visite a l'Hôpital et aux Usines. — Revue de l'escadre et visite du port. — Banquet au Casino. — Départ de Boulogne. — Arrêts à Étaples, Abbeville et Amiens. — Arrivée à Paris.

M. le Président de la République est parti hier soir de Calais, à onze heures vingt. Comme il devait descendre chez M. Huguet, dont la maison se trouve un peu hors de la ville, le train présidentiel s'est arrêté à proximité de la demeure du sénateur du Pas-de-Calais, et M. Carnot n'a pas pénétré dans Boulogne. C'est seulement ce matin, à huit heures trente-cinq minutes, qu'il a fait son entrée officielle dans une calèche à quatre chevaux, conduite à la Daumont.

M. HUGUET
Sénateur.

Toutes les voies de la ville sont ornées de drapeaux, de tentures en velours rouge, et les poteaux tricolores sont reliés entre eux par des guirlandes de fleurs et des flammes de toutes les couleurs. Dans certaines rues on ne voit plus le ciel, tellement les lanternes vénitiennes que l'on allumera ce soir et les banderoles tricolores sont nombreuses. Et cependant le ciel est à admirer; il est d'un bleu éclatant et les rayons du soleil font scintiller les flots.

Je crois que l'on a eu tort d'allonger outre mesure le trajet du cortège présidentiel, car par endroits la foule était peu considérable, et, cela se conçoit, il aurait au moins fallu deux cent mille habitants pour former une haie respectable tout le long du parcours. Par exemple, les jetées sont envahies. Les marins, coiffés de leurs bérets, et les matelottes avec leur large bonnet tuyauté, poussent des cris enthousiastes : Vive Carnot ! Vive la République !

Avant le départ pour la revue de l'escadre, le Chef de l'État procède aux petites cérémonies réglées d'avance. Après la présentation des autorités — je l'ai déjà décrite dix fois, — après la visite à l'hôpital — je l'ai également décrite dix fois, — le Président de la République se rend à la fabrique de plumes Blanzy Poure — la première fondée en France (1846), — qui occupe neuf cents ouvriers et consomme 200,000 kilos d'acier laminé, tout cela pour un petit bout de plume de rien du tout qui me permet d'écrire cette relation de voyage. On frappe, en présence de M. le Président, une plume spéciale, laquelle porte le portrait de M. Carnot et prendra dorénavant le titre de *plume Carnot*.

M. Carnot a visité ensuite l'usine des ciments français, qui occupe 12 hectares et où s'est fabriqué le ciment qui a servi aux fondations de la tour Eiffel; l'établissement des ports de Boulogne et de Calais, etc.

M. Carnot n'oubliant pas, dans sa visite, la principale industrie de Boulogne, la pêche, a traversé les ateliers de salaison Altazin-Gorrée où sont salés, fumés et expédiés annuellement 10 millions de harengs, et a reçu, avant le départ pour la revue, la délégation des matelottes de Boulogne et du Portel, qui lui ont offert des bouquets.

En mer.

A midi moins un quart, M. Carnot s'embarque sur la *Mouette*, qui part, suivie de l'*Élan* et de l'*Albert-Victor*, pour passer la revue de l'escadre du Nord.

Des bombes, des fusées sont lancées par les navires.

Le voyage est charmant et la visite des bâtiments fort intéressante.

M. Carnot se rend à bord du *Marengo*, l'amiral de Boissoudy l'accompagne, partout les équipages sur les vergues poussent à trois reprises le cri de : Vive la République !

La musique joue la *Marseillaise* et, quand le Président reprend place sur la *Mouette*, le signal du branle-bas de combat est donné ; tous les canons des cuirassés tonnent, leurs coups se répercutent dans le lointain : l'effet est saisissant.

Nous avons le malheur d'être sur un bâtiment anglais, dirigé par un capitaine au nez rouge et à l'expérience discutable ; aussi nous fait-il aborder trois quarts d'heure après le Président de la République.

BOULOGNE-SUR-MER

Au banquet.

Las d'attendre, M. Carnot avait fini par s'impatienter et par prier les organisateurs de commencer le repas; désir naturel, on ne déjeune pas à deux heures et demie, surtout à la mer.

Enfin, les convives arrivent, quatre cents personnes au moins.

Le banquet a lieu au Casino, magnifique établissement que dirige M. Hirschler avec un soin digne de tout éloge. La moitié des convives est à l'ombre, l'autre moitié au soleil.

M. HIRSCHLER
Directeur du Casino.

Le hall du casino, qui sert de restaurant, tout en glaces sans tain, et duquel on voit admirablement la mer, est ingénieusement décoré.

La fontaine du milieu a été transformée en corbeille de fleurs tricolores, et les piliers sont ornés d'une multitude de bouquets formés de coquelicots, de bluets et d'œillets blancs d'un effet charmant.

M. Carnot présidait, ayant à sa droite le maire, M. Baudelocque, et l'amiral Krantz; à sa gauche, M. Huret-Lagache, président de la Chambre de commerce, et M. Yves Guyot.

Outre les personnages déjà cités, on remarquait à la table d'honneur les maires de Folkestone et de Hastings, en costume officiel, ainsi que M. Chautemps, président, et M. Meyer, syndic du Conseil municipal de Paris, et tous les officiers de l'état-major de l'escadre cuirassée.

La musique militaire joue la *Marseillaise*, et le repas commence.

En voici le menu fort soigné :

HORS-D'ŒUVRE
Beurre d'Isigny — Radis roses — Anchois Norvégienne — Crevettes — Saucissons d'Arles
RELEVÉS
Turbans de Filets de Soles Bourbonnaise — Filets de Charolais à la Wattignies
ENTRÉES
Cassolettes de Foie gras à la Toulouse — Chaud-froid de Cailles d'Egypte sur socle
ROTI
Poulardes de la Bresse à la broche — Cœurs de Romaines
ENTREMETS
Langoustes à la Parisienne — Asperges d'Argenteuil sauce mousseline
Suprême de Fraises à l'Orientale — Gâteaux Bretons historiés
DESSERT
CAFÉ ET LIQUEURS
VINS
Madère — Tisane Champenoise — Haut Sauterne — Chablis — Saint-Pierre — Saint-Julien
Clos d'Estournel — Château Beaucaillou — Pommard — Corton
Piper Heidsieck — G.-H. Mumm — Pomery Greno
Grandes Fines Champagne 1817 — Liqueurs des Iles

Par malheur, on n'a pas le temps de finir ce succulent repas, et c'est aux asperges que le maire se lève.

Il fait l'éloge de la laborieuse et pacifique population de Boulogne, dont l'espoir serait de fêter, dans un avenir prochain, l'inauguration d'une rade qui, dit-il, « semble solliciter l'entrée d'une belle escadre comme celle que nous pouvons presque saluer d'ici. Pour le reste, ajoute-t-il, nos populations se confient à ceux qui nous gouvernent — et à votre sagesse, Monsieur le Président ; fils de cette Révolution qui a mis fin aux abus du pouvoir personnel, nous sommes les ennemis des bouleversements et de toute dictature, glorieuse ou non. »

Le président de la Chambre de commerce rappelle ensuite le séjour de M. Carnot à Boulogne, au début de sa carrière, et expose les besoins du commerce de Boulogne, les avantages qu'il y aurait à prolonger la digue et à creuser la rade ; il exprime le vœu que les prix des transports du poisson frais sur les voies ferrées soient diminués et assimilés autant que possible à ceux établis en Angleterre ; il demande, en outre, que tous les expéditeurs soient admis en France à profiter des tarifs directs ou de pénétration.

« Enfin, au nom de tous mes concitoyens, dit-il en terminant, j'exprime un dernier vœu qui, je l'espère, aux applaudissements de tous, obtiendra une solution immédiate. J'ai l'honneur de le formuler en ces termes :

« Daigne Monsieur le Président de la République nous permettre
» de donner à notre digue du large un nom illustre, aimé et honoré entre
» tous, celui de Carnot. »

Ces deux discours sont chaleureusement applaudis.

Discours de M. Carnot.

M. le Président de la République répond en ces termes :

Messieurs,

Je suis vivement touché des paroles de bienvenue que viennent de m'apporter, au nom de la population et du commerce de Boulogne, M. le maire de Boulogne et M. le président de la Chambre de commerce.

Je suis profondément sensible à la demande que vient de faire M. le président de la Chambre de commerce et, devant son insistance, il m'est impossible de refuser. (Applaudissements.)

BOULOGNE-SUR-MER — VUE DU CASINO

L'accueil chaleureux et cordial qui m'est fait partout, depuis le moment où j'ai mis le pied sur le territoire de votre belle cité, me prouve, Messieurs, que vous êtes les fidèles interprètes de ses habitants, et je tiens à en exprimer ici toute ma reconnaissance. (Nouveaux applaudissements.)

Boulogne, Messieurs, ne pouvait manquer d'être une des plus belles étapes de mon voyage dans le Pas-de-Calais, et la belle fête maritime que j'y ai admirée encore ce matin, vient de couronner brillamment toutes celles qui, depuis cinq jours, ajoutent tant de charme à la visite que j'ai voulu consacrer aux formes diverses de l'activité nationale dans votre beau département. (Vifs applaudissements.)

Après avoir vu les trésors des profondeurs de la terre exploités par les vaillants mineurs de Lens, Bruay et Béthune, les richesses du sol si courageusement mises en valeur par les agriculteurs de Saint-Omer, d'Arras et d'ailleurs ; après avoir admiré la délicate industrie des tulles, qui correspond si bien aux qualités, au goût de notre pays, aurais-je pu manquer de venir vous saluer ici, quand même je n'y aurais pas été attiré par une sympathie personnelle profonde? (Applaudissements prolongés.) Aurais-je pu manquer de venir saluer les braves gens qui vont arracher à la mer elle-même ses produits et fournir de précieuses ressources à l'alimentation nationale ?

Vous nous avez dit, Messieurs, dans vos discours si substantiels, que j'ai écoutés avec un profond intérêt, quels sont les besoins, les vœux de ces patriotiques populations de pêcheurs et de marins, qui savent lutter contre les éléments, mais à qui il faut assurer les moyens de lutter aussi à armes égales contre de redoutables concurrences. Ces braves peuvent compter sur l'intérêt que leur porte le gouvernement républicain, auquel ils doivent déjà les premiers travaux de votre port et des améliorations dans les conditions de transport pour les produits de leur labeur. (Salves d'applaudissements.)

Je lève mon verre, Messieurs, à la prospérité de Boulogne!

Tous les convives se sont levés et ont répété à plusieurs reprises les cris de : Vive Carnot ! Vive la République !

Les dons de M. Carnot.

M. Paul Arrivière, au nom de M. Carnot, et avant son départ de Boulogne, a remis 2,500 francs pour le bureau de bienfaisance, 300 francs pour l'hospice et 100 francs pour l'orphelinat.

En outre, il a remis une somme de 2,000 francs pour les agents de la Compagnie du Nord qui ont accompagné le Président pendant son voyage.

De plus, M. Carnot a accordé les distinctions suivantes :

Ont été nommés chevaliers de la Légion d'honneur : M. Baudelocque, maire de Boulogne ; M. Jules Petit, président du Conseil d'arrondissement de Boulogne.

La médaille militaire a été remise à M. Wanbecke, brigadier de gendarmerie à Hazebrouck.

Des médailles d'honneur ont été données à MM. Vidogne, Depré, Demilly, Flour, Ganthier, Diguenet, Gournay, Dehaye, Tréhonte, veuve Debans, à Mlle Pruvot, institutrice, qui a arrêté au péril de ses jours des chevaux emportés.

Le départ.

Aussitôt les discours terminés, sans même prendre la peine de finir ce repas remarquablement servi, M. le Président de la République, MM. Yves Guyot, l'amiral Krantz et toute la maison militaire de l'Élysée, à laquelle nous tenons à rendre hommage : M. le général Brugère, M. le colonel Kornprobst, M. le commandant Chamoin et M. Arrivière, secrétaire particulier de M. Carnot qui, pour n'être pas militaire, n'en est pas moins charmant, se sont précipités vers la gare.

Avec quel regret avons-nous quitté ce délicieux Casino de Boulogne, dans lequel M. Hirschler nous a fait à tous une si cordiale et si franche réception.

Trois arrêts à Étaples, à Abbeville et à Amiens ; partout des cris enthousiastes et cependant Amiens est le chef-lieu de la Somme, soi-disant conquise par la réaction.

Concluons en peu de mots : c'est un immense succès pour le Président de la République.

Il est venu nettement, franchement, affirmer sa foi profonde en l'avenir de la démocratie et faire énergiquement litière des prétentions honteuses des césariens. Aussi tous les honnêtes gens ont-ils acclamé le Chef de l'État, et les électeurs de 1889 ne se sont-ils pas gardés de crier : Vive Carnot ! Vive la République !

Le retour à Paris.

Le Président de la République, accompagné des ministres de la marine et des travaux publics, est rentré le soir à Paris, à huit heures vingt, de retour de son voyage dans le Pas-de-Calais. Il a été reçu à la gare du Nord par MM. Constans, ministre de l'intérieur ; Cazelles, directeur de la sûreté générale ; Lozé, préfet de police ; Caubet, chef de la police municipale ; Hottinguer, administrateur de la Compagnie du Nord ; Thouin, ingénieur du service actif, et Dubois, chef de gare.

M. le colonel Lichtenstein, officier d'ordonnance de M. Carnot, et M. Ernest Carnot attendaient également le Président de la République.

Une foule considérable, qu'on peut évaluer à 5.000 personnes environ, s'était portée vers la gare du Nord. Des mesures d'ordre avaient dû être prises pour éviter l'encombrement. Les agents placés sous la direction de M. Maurice, inspecteur divisionnaire, et de M. Busigny, officier de paix des brigades centrales, avaient fait évacuer l'intérieur de la gare qui avait été un instant envahi. La gare était ornée, pour la circonstance, de nombreux massifs d'arbustes et de larges tentures rouges, surmontées d'écussons et de drapeaux.

Les voitures de l'Élysée, qui attendaient le Président de la République, étaient au nombre de trois. Dans la première a pris place M. Carnot, ayant à sa gauche le général Brugère, secrétaire général de la présidence, et en face le colonel Lichtenstein et le lieutenant-colonel Kornprobst. Dans la seconde, sont montés le commandant Chamoin et M. Paul Arrivière, chef du secrétariat particulier du Président de la République. La troisième voiture était réservée à M. Ernest Carnot.

Au moment de son départ de la gare du Nord, le Président de la République a été chaleureusement acclamé. Les cris répétés de : Vive Carnot ! Vive la République ! n'ont cessé de se faire entendre.

Nous joignons notre cri à ceux de la foule et, de notre vie, nous n'oublierons l'enthousiasme des patriotiques et laborieuses populations du Pas-de-Calais.

BERTOL-GRAIVIL.

PARIS. — IMPRIMERIE CHARLES BLOT, RUE BLEUE, 7

www.ingramcontent.com/pod-product-compliance
Lightning Source LLC
LaVergne TN
LVHW050555090426
835512LV00008B/1164